En homenaje al 170
aniversario de llegada de los chinos a Cuba

隆重纪念中国人抵达古巴 170 周年

（1847 年 6 月 3 日—2017 年 6 月 3 日）

BUSCANDO LA PRESENCIA CHINA EN CUBA

古巴随笔

追寻华人踪迹

黄卓才◎著

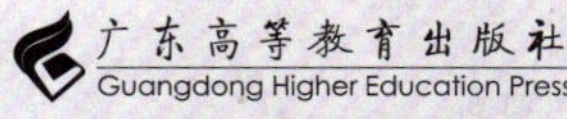

·广州·

图书在版编目（CIP）数据

古巴随笔：追寻华人踪迹／黄卓才著．—广州：广东高等教育出版社，2017.1（2017.10重印）
ISBN 978-7-5361-5703-3

Ⅰ．①古… Ⅱ．①黄… Ⅲ．①散文集-中国-当代
Ⅳ．①I267

中国版本图书馆CIP数据核字（2016）第188037号

古巴随笔

追寻华人踪迹

GUBA SUIBI
ZHUIXUN HUAREN ZONGJI

广东高等教育出版社出版发行
地址：广州市天河区林和西横路
邮编：510500 电话：（020）87554153
网址：www.gdgjs.com.cn
广东信源彩色印务有限公司印刷
787毫米×1 092毫米 16开本 13.25印张 184千字
2017年1月第1版 2017年10月第2次印刷
定价：46.00元

序

徐世澄

暨南大学文学院教授黄卓才是一位勤奋的作家。2006 年 12 月，他撰写并出版了《古巴华侨家书故事》，作者以珍藏的其父亲、古巴一位地方侨领黄宝世（1898—1975 年）在 1952 年至 1975 年写给他的 40 多封家书为基本史料，用流畅的笔触和精练的语言，情文并茂地描绘出一个普通华侨家庭几代人百年生息、繁衍与发展，活现出一部真实的华侨家庭生活史。

2011 年 7 月，黄卓才教授又在《古巴华侨家书故事》的基础上，补充了不少有价值的史料，更新和扩展了原著的内容，出版了《鸿雁飞越加勒比——古巴华侨家书纪事》一书。书中还增加了大量新旧照片，并托出新的链接，使全书图文并茂，既具有史料价值，又能引人入胜、打动读者。作者运用连带追根、左联右穿、旁叙及他等手法，开创了家书作品的新体例。

热心的黄卓才教授曾先后把他写的《古巴华侨家书故事》和《鸿雁飞越加勒比——古巴华侨家书纪事》两本书寄给我，并与我通电话。我在祝贺他的著作出版的同时，建议他有机会一定要到他父亲生活和工作过的古巴去看一看，去寻找一下他父亲的轨迹。他回答我说，在他有生之年，他一定会去古巴。

不久前，黄教授高兴地告诉我，他于 2014 年携夫人及生活在中国、加拿大、美国三国的儿子、女儿和外孙女一起组成“跨国家庭访问团”访问了古巴，专门到他父亲生活和工作过的大萨瓜（Sagua la Grande，大沙华）和古巴首都哈瓦那等地“纪念先侨，追寻龙迹，了解古巴。”寻根访祖之行结束后，他又满怀深情地写了《古巴随笔：追寻华人踪迹》一书，准备交付广东高等教育出版社出版。黄教授执意邀请我为他这本新著写篇序言，这对我来说是莫大的荣幸。

我仔细拜读了《古巴随笔：追寻华人踪迹》，书中所叙述的很多人和物，勾起了我清晰的回忆。我曾于 1964—1967 年在古巴哈瓦那大学留学三年。留学期间，我曾到古巴各地访问，我到过黄教授父亲黄宝世先生居住过的大萨瓜。我曾与许多老华侨交谈过。我也常到哈瓦那唐人街桑哈街去访问。我亲眼见到，当时的中华总会馆是如何在十分困难的条件下，在春节前夕，为每户华侨分配一瓶酱油。1967 年我从古巴留学归国后，由于种种原因，一直没能回古巴。直到 1992 年，中古两国关系改善后，在相隔 25 年之后我又回到我思念的古巴。此后，我曾 6 次访问古巴。每次回到古巴，我都会到哈瓦那唐人街去拜访中华总会馆和《光华报》报馆，到“旅古华侨记功碑”去瞻仰。

《古巴随笔：追寻华人踪迹》是一本以“关注拉美战略伙伴，追寻古巴华人踪迹”为主旨的纪实散文集，全书分随笔“古巴情结”、访问记“探访之旅”和人物故事“岛国友朋”三部分，并配有 200 多张相关图片，生动地记叙了作者率领的“跨国家庭访问团”在古巴实地调查访问的第一手材料，揭开了位于古巴中部的“广府华侨乐土”大萨瓜神秘的面纱。通过万里寻踪，作者以超常的慧眼和社交能力，在友人的帮助下，寻找到其父亲生活和工作的轨迹和不少有价值的文物资料，并与认识其父亲的当地市民进行了攀谈。最令人感动的是书中描绘的作者及其家人到“敬爱的父亲、爷爷、曾祖父”墓前扫墓的情景。作者一行将从广州带来的香火、一块刻有墓志铭的钢板、一本《鸿雁飞越加勒比——古巴华侨家书纪事》和糖果拜祭黄宝世先生，并饱含深情地行三鞠躬礼。书中忠实地记录了作者细致考察当地居民和新老华侨华人、土生华裔的生存情况。此外，书中还讲述了他的古巴情结和他的古巴友朋。

黄卓才教授是古巴侨属学者，生活在一个五代华侨家庭。他长期观察古巴、研究古巴，作为文学院中文系写作专业的教授，他善于以文学笔法描述见闻、表达思想和观点。在《古巴随笔：追寻华人踪迹》一书中，他从多个侧面描述了加勒比岛国古巴及其华侨华人的现状与历史。相信这本书一定会像他的前两本描写古巴华侨华人的书一样，受到广大读者的热烈欢迎！

我想借此机会提一个建议，研究古巴和拉美华侨的历史是一项十分有意义的系统工程。建议黄卓才教授所在的暨南大学华侨华人研究院和国内其他研究华侨华人的单位能培养更多的掌握西班牙语的研究古巴和拉美华侨的人才，并与古巴和拉美研究华侨华人的学者一起，更好地发掘、整理、研究拉美华侨的历史，为中古、中拉友谊添砖加瓦。

（本文作者是中国社会科学院荣誉学部委员，拉丁美洲研究所研究员、博士生导师。著有《卡斯特罗评传》《古巴》《冲撞：卡斯特罗与美国总统》等。）

目 录

古巴情结

探访之旅

古巴情结

>> 古巴民族英雄——何塞 马蒂塑像 黄卓才 摄

难解的古巴情结

古巴是一个极具内涵和深度的国家，她的魅力早已吸引全世界。

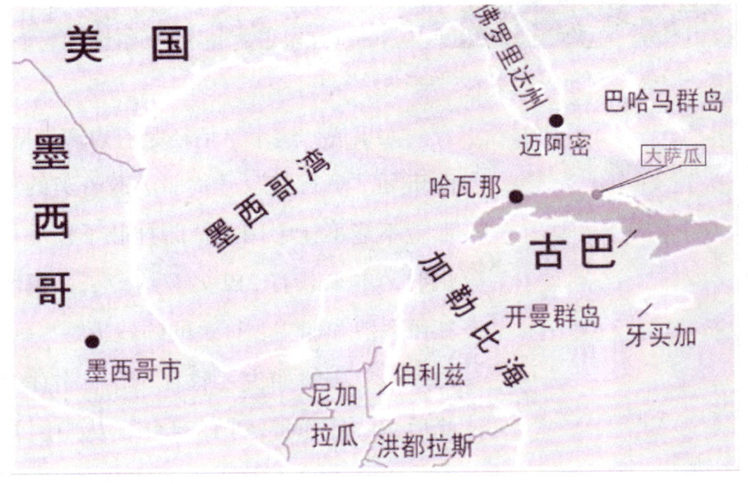

>> 古巴的地理位置

大概从哥伦布登陆时起，或者更早，中国人就开始把视线投向这个美丽的岛屿。1492年10月28日，西班牙航海家哥伦布踏上了古巴的土地。碧蓝的海水，晴朗的蓝天，飘逸的白云，翠绿的山峦和原野，让他陶醉，令他着迷。他在日记中写道："这是人类的双眼从来没有见到过的……最美丽的地方。"他甚至曾经以为那就是中国。因为她美丽得与世界著名旅行家马可·波罗所著游记中描述的中国相似。在此之前80多年，明朝永乐年间，中国就有"郑和下西洋"的壮举，中国人的目光也已远瞩海外。虽然我们先辈远航的目的与西方殖民者完全不同，并无占据疆土、掠夺资源的野心，但同样有一种探索未知世界的强烈追求。就像《马可·波罗游记》激起了欧洲人对东方的热烈向往一样，哥伦布所发现的美洲新大陆，对于中国人无疑也是一块巨大的磁铁，一束强大的冲击波。

>> 加勒比海岛国古巴风光

>> 工艺品个体户美女档主友好地让我们拍照、合影　黄家　摄

如果说，这个事情还是有点离疏隔远，那么，1847年6月3日，西班牙“奥肯特”号货船满载着契约华工和中国货物到达哈瓦那，那就不能不让中国人牵肠挂肚了！从福建厦门起航的这艘双桅快速帆船，本来载有212名契约劳工，但经过131天的漫长航程，不堪狂风恶浪和船主、打手的凶残折磨，到达时只剩206名。9天之后，另一艘英国帆船也运载着365名幸存的中国苦力进入哈瓦那港口。此后20多年间，到1874年，从中国香港、澳门等地被贩卖到古巴的华工达14.3万多人，途中被虐待致死者1.7万多人。中途被抛尸大海的固然杳无音信，就是那些因为“命大”而能活着抵达古巴的，他们的命运也好不到哪里去——上岸后，即与先期运到的非洲“黑奴”一样被转卖到各地甘蔗、烟草和咖啡种植园内当苦工，过着牛马不如的生活。这些劳工受尽摧残，甚至惨遭杀害者不计其数。万里关山阻隔，长期的分离，妻儿老小望穿秋水，泪浸衣襟，也无缘与亲人团聚。后来，古巴废除契约劳工制度，更多的中国人以自由移民身份到古巴去

>> 相见欢——访问古巴大萨瓜华裔家庭　小子　摄

>> 黄宝世先生（1898—1975）
摄于1950年古巴

谋生。顶峰时期的20世纪四五十年代，旅古华侨华人达二三十万，繁华鼎盛的哈瓦那华区成了整个美洲（包括南北美洲和拉丁美洲）三大唐人街之一。从1847年首批契约劳工到达哈瓦那算起，至今将近170年，世世代代，前赴后继，如此众多的古巴华侨、华人、华裔，与侨乡亲人血肉相连，他们的生存状态，他们的际遇命运，牵动着多少中国人的心！

特别是，中国和古巴先后于1949年、1959年取得了人民民主革命的胜利，继而又都加入了以苏联为首的“社会主义阵营”。同姓三分亲，何况同属一种意识形态，一种主义的信仰，一个“国际大家庭”！同志加兄弟，亲上加亲。于是，在古巴1959年革命胜利后，选择了社会主义，中国人就不仅知道卡斯特罗，古巴雪茄，而且还在传唱浪漫抒情的古巴民歌《鸽子》、略带哀伤的古巴革命歌曲《美丽的哈瓦那》。其后，20世纪60年代，古巴遭遇猪湾入侵和导弹危机的时候，中国人纷纷集会，游行示威，声援古巴，讨伐美帝国主义，“要古巴，不要美国佬”的歌声和口号声响彻大江南北。而当我国遭遇“三年经济困难”，老百姓尝到了我国慷慨支援古巴换回来的古巴红糖，甚至拿它当作营养品的时候，善良的中国人更感受着古巴兄弟的“手足情谊”。“文革”和中苏论战期间，中古两国关系曾经紧张，但老百姓一般并不知情。70年代末80年代初，中国改革开放了，那些充满豪情壮志和满狂热幻想的年轻人，更喜欢健美骁勇的古巴女排，崇拜

>> 在滨海大道西班牙餐厅　黄卓才　摄

>> 热情的哈瓦那老人向我们打招呼　黄鹄　摄

理想主义者切·格瓦拉。而节奏强劲的古巴拉丁舞蹈萨尔萨（salsa），更成为青年男女舞会上的至爱。资料显示，从20世纪60年代初开始，就有中国学生到古巴去留学。到21世纪，留学生数量激增，2009年，有1 000名中国学生进入古巴的名牌大学学习。其后除了公派生，又有自费生加入，于是留学生的队伍越来越壮大，以至于哈瓦那大学要为中国留学生设立专门容纳3 000人的校区。历年的留学生和他们的家长、亲友、老师，自然而然地加入了关心古巴的行列。

中国人都有古巴情结，而我呢，这种情结更加非同寻常。

我不但与所有中国人一样经历过这样一个时代，感受古巴的风云变幻，而且因为是一个侨属，更可以深入了解其中的内情，亲尝其间甜酸苦辣的滋味。在古巴，曾有我至亲至爱、一辈子无缘见面但每时每刻都关怀着、呵护着我的好父亲。我有时会做美梦，或者是我乘飞机飞到父亲身边，或者是他回到香港、广州……父子相见时，怕认错了人，所以父亲和我总是在上衣袋口做个标记——他插着红色的手帕，我则插着他回国时留下的钢笔。

>> 著者与古巴乡间棒球运动员交朋友　小幺　摄

后来，父亲客死异域，我越来越强烈地怀念着他，不时还会在梦境中出现快乐的父子团聚场景。

2000年，父亲侨居地生省（比亚克拉拉省）大沙华（大萨瓜）市的一个老华侨回来广州探亲，她说与我父亲相熟。我去见她，本想了解父亲生前身后的情况，以便减轻思念。谁知，旧的情结未解，又系上了新的情结——她说，我在古巴有两个弟弟，有名有姓，还有住宅电话，言之凿凿。

2006年，我的《古巴华侨家书故事》一书出版，圆了纪念父亲、记录历史的心愿，我一身轻松。料想不到的是，专家和读者的反应竟是如此热烈！他们不断鼓励我写出更多的故事。我想，我这辈子是解不开古巴情结了。也好，这也是一种精神寄托啊！

传统意义上的华侨，在古巴已经所剩无几了，现时只有100多人，而且基本上都是七老八十的老人，有的甚至要依靠社会救济度日。一个曾经十分辉煌的古巴华人社会即将落下历史的帷幕。但是，古巴是有希望的。因为它本来是自然条件优越、资源丰富的国家。它什么时候能够从沉睡中苏醒过来，大踏步走上扭转局势的新路，让人民大众过上富裕的生活呢？

在21世纪，中国再一次把眼光投向拉美，投向古巴，它成了我们拉美最重要的一个战略合作伙伴。2014年年底传来美国将与古巴复交的消息。2016年3月20日，奥巴马总统访问古巴。这两个历史性大冤家的重新交好有了一定的成果，前路仍有障碍，但继续向好的方向发展应该是顺理成章的吧。

我的一位古巴朋友两年前跟我说过，若干年后，你将会看到一个新古巴。我相信，若干年后，古巴的华人社会也会逐步恢复生机，重现辉煌。

但愿他的预言能够实现。我期待着，所有的古巴华侨华人华裔和侨属期待着。

回味古巴糖

在古巴美丽的巴拉德罗海滩，我尝到了久违的古巴糖。

那是2013年夏初一个中午，金灿灿的阳光下，身披海水未干的浴巾，踩着软绵绵的细沙，我们一家子海泳后走到岸边红树林里的茅寮餐厅用餐。

这是巴拉德罗特区一座五星级海滨酒店的风情餐厅。在这里，

>> 在巴拉德罗海滩喝咖啡 黄家 摄

>> 有着“Cuba”字样的咖啡

客人可以随意点酒、点咖啡，享受十分丰盛的美食以及一流的服务。

“请来一杯热咖啡！”我对咖啡情有独钟，尤其是古巴咖啡，它和朗姆酒、雪茄并称“古巴三宝”，世界驰名。

不一会儿，咖啡师就为我们送上精心制作的拿铁咖啡，每人一杯。杯面的泡沫上浮现着漂亮的艺术字“Cuba”，碟子里放着一小包有地图商标的古巴糖。

我是老啡友了，平时喝咖啡只加牛奶不加糖。现在面

对着这包古巴糖，我却要一改以往的老习惯。

我先把雪白的砂糖送进舌尖，细细品尝，顿觉十分清甜可口，与四五十年前吃过的古巴糖完全不同——在我的记忆中，古巴糖是甜中带苦涩味的。

古巴糖是甘蔗糖，甜味本应是清纯而浓郁的。但 20 世纪 60 年代初开始，中国进口的古巴糖是“原糖”，未经加工，还夹杂着蔗渣和杂草，水分也比较多。而当时我国糖厂的加工技术不高，提炼出来的砂糖纯度不够，呈赤褐色，或淡黄色，带苦涩味。

古巴糖早已名满全球。西班牙航海家哥伦布 1492 年第一次横渡大西洋到美洲，发现美丽肥沃的古巴。次年他第二次航海时，把甘蔗根茎带去，他说：“把切下的制糖甘蔗一个一个小节种在土里后就会长成一大片。”由此判定古巴非常适合种植甘蔗。西班牙殖民者政府统治古巴后大规模砍伐原始森林，垦荒造田，从 1547 年起大面积种植甘蔗。那时，蔗糖在欧洲还是奢侈品，在古巴种甘蔗的殖民者发了大财，而这个加勒比海岛的命运从此便再也无法和蔗糖分开。

古巴全国大部分地区属热带雨林气候，年平均气温为 25 ℃，适宜种植甘蔗。农业一直以种植甘蔗为主，种植面积曾占全国可耕地面积的 55%。工业也曾以制糖业居首，占世界糖产量的 7% 以上，人均产糖量居世界首位，被誉为“世界糖罐”。蔗糖的年产值通常约占国民收入的 40%。1959 年 1 月 1 日，古巴人民推翻巴蒂斯塔独裁统治。同年 6 月，古巴革命政府颁布了土地改革法，废除了大庄园制度，征收了本国和美国大庄园主的土地，把制糖业和银行收归国有。革命前，整个古巴的经济控制在美国资本手里。公用事业的 80%、采矿业的 90%、牧场的 90%、石油工业的几乎 100%、公用铁路的 50%、制糖业的 40% 及银行存款的 25%，都是由美国资本控制的。蔗糖生产是古巴经济的生命线，而美国糖业公司占有了约 27.5 万英亩的土地，等于甘蔗种植地的 1/4。古巴新政府的国有化举措，直接损害了美国的利益。1960 年 2 月苏联外长米高扬访问古巴，许诺五年内每年购买 100 万吨古巴糖。古巴宣布要走社会主义道路，

>> 沿途所见的古巴甘蔗园和糖厂　陈美如　提供

更激怒了美国。于是，美古关系迅速恶化，美国做出了削减 1960 年度进口 70 万吨古巴糖的决定。随后实行的全面封锁，使古巴糖失去了原有的最大国际买主。

据中科院古巴研究专家记述："当时，古巴处境很困难，美国在经济上对古巴实行封锁，军事上进行威胁，外交上实行孤立。中国政府除在政治上、道义上对古巴支持外，在物质上也对古巴给予有效的援助。1959 年 12 月，中国同古巴签订了贸易协定，向古巴购买 5 万吨原糖。1960 年 7 月。由外贸副部长卢绪章率领的中国政府贸易代表团访古，双方签订了为期五年的贸易协定、贸易支付议定书、文化合作协定和科技合作协定，还签订了总额为 1 300 万英镑的贸易合同。根据达成的协议，中国方面购买 50 万吨古巴原糖，古巴则从中国进口大米和日用消费品。”[①] 这对当时的中国来说，一方面是为了支援古巴的社会主义建设，尽国际主义义务；另一方面，也是为了解决本国对糖的需求。因为正值“三年经济困难”时期，粮、油、肉、糖等群众生活的必需物资十分缺乏。于是我国从 1960 年开始进口古巴糖，自次年起实际增加到每年 40 万吨。从此，古巴糖走进了亿万中国人的生活。

我当时正在读大学。老百姓在苦度饥荒的时候，大学生得到国家的特别照顾，饭是有得吃的。不过，学校饭堂供应的是“双蒸砵仔饭”。这种饭是把粗米放在瓦砵里，经过两次加水蒸出来的。由于饭粒充分膨胀，达到体积最大化，看起来是满满的一砵饭，肚子得到安慰，却不耐饿。再加上没有油，没有肉，甚至没有足够的青菜，许多老师、同学营养不良，患了肝炎、水肿。我们中文系同级 90 多位同学，有 29 位因身体等问题退了学。

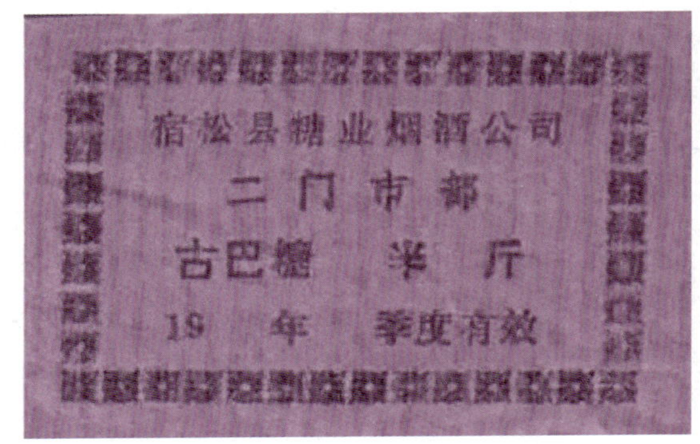

宿松县糖业烟酒公司
二门市部
古巴糖 半斤
19 年 季度有效

>> 这种糖票，在 20 世纪的中国使用了几十年 源自嘉伦网

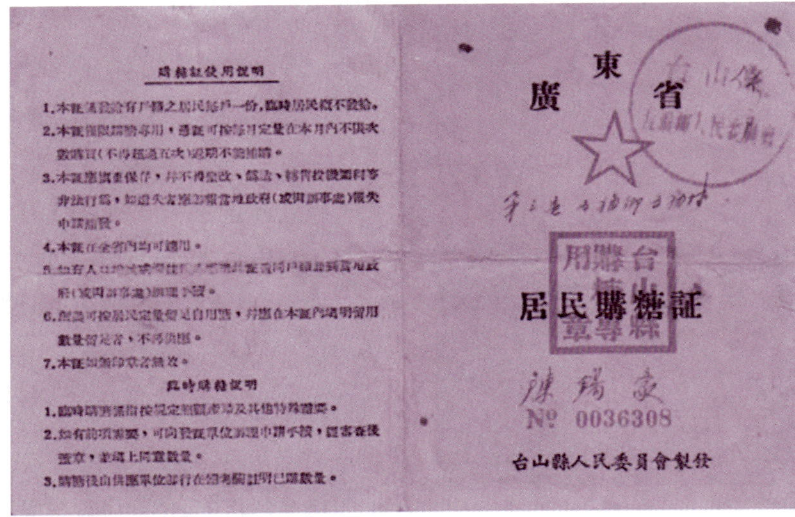

購糖証使用說明

1.本証[illegible]有户籍之居民[illegible]一份，臨時居民[illegible]不發給。
2.本証[illegible]，憑証可按[illegible]定量在本月內不限次數購買（不得超過五次）過期不[illegible]。
3.本証應妥善保存，並不得塗改、偽造、[illegible]非法行為，如遺失者應[illegible]當地政府（或[illegible]）[illegible]申請補發。
4.本証在全省內均可適用。
5.[illegible]
6.[illegible]
7.本証[illegible]無效。

臨時購糖說明

1.[illegible]
2.[illegible]
3.[illegible]

廣東省

居民購糖証

№ 0036308

台山縣人民委員會製發

>> 1956 年 1 月台山县政府制发的购糖证 李柏达 收藏

① 徐世澄．古巴［M］．北京：社会科学文献出版社．2003：292.

其时糖和粮、油、鱼、肉、布，乃至肥皂、香烟、饼干、火柴等粮食、副食品、日用品，都要凭证限量供应，而且定量一再减少，远远不能满足生活的需求。我印象特别深的是1959年冬天，学校发动师生挖人工湖。为了响应“鼓足干劲，力争上游，多快好省地建设社会主义”和“大跃进”的号召，我们夜以继日地“大干苦干”，天天战到“东方红”（天亮）。奖品是一两块硬邦邦的“杂粮饼”。所谓“杂粮”，其实是芭蕉树头等替代品。硬到什么程度？同学形容：掉在地上，地板烂了，它不烂。糖呢，一点也没有，十分难以下咽。还有一次，我们几位爱喝糖水的广州仔突发奇想，商议着好歹弄一顿糖水喝。于是每人拿出用“糖果票”买来的三两颗“麻糖”，煲了一锅淡淡的糖水，每人分一碗。当时的糖果，也是用古巴糖制作的。

糖，对于当年大饥荒中的中国人，是营养品，也是精神上的慰藉。正因为这样，中国人对古巴的这位遥远的社会主义的小兄弟都有好感。也正因为吃着古巴糖，当年人们特别爱唱《美丽的哈瓦那》《要古巴，不要美国佬》……

直至今天，经历过三年大饥荒的中国人，提起古巴糖，就会引起甜蜜中带着点苦涩的回忆。我回顾历史，其实从20世纪60年代起，古巴糖产量已经开始下降。1964年4月5日，父亲给我的家书中说：“糖产减低百分之三十，现在每人每月只能配给四磅糖。俗称‘世界糖罐’的古巴已成过去。”[①]古巴人喜欢吃糖，四磅之数是不够的。由此可见，为了保证出口，古巴人跟我们一样要勒紧裤带了。在1971年1月15日的信中，父亲又说：“据

>> 古巴有些蔗园用机械收割甘蔗　陈美如　提供

① 黄卓才．鸿雁飞越加勒比：古巴华侨家书纪事［M］．广州：暨南大学出版社，2016：82.

今年古巴糖造来观察，没有如去年量数，因甘蔗成绩低之故。古巴糖产为国家命脉，全靠（它）向外换取物资。倘若事实，今年局势（就）较为困难。近来黑市非常利（厉）害，猪肉每斤八元，米六元，鸡近几年来没有配给，黑豆每斤十元，茨（薯）芋菜蔬异常渴市。”[①] 而中国呢，卖给古巴的大米和日用消费品都是十分紧缺的。中古两国就像一条藤上的两个苦瓜，兄弟情谊之深厚，的确是值得大书特书的佳话。

现在，市面上已看不到古巴糖了。随着我国的改革开放，随着中国外交的转型和拉美战略伙伴关系的建立，我们与古巴的贸易方式也在改变。但是我国每年还在进口 40 万吨古巴糖，只是由于技术进步，经过精细的深加工，使它实现华丽转身，成了雪花花的白砂糖。

中国人最讲“知恩图报”。民间有句俗语：“滴水之恩，当涌泉相报。” 意思是受人一点儿小小的恩惠，也应当加倍报答。这是中华民族的优秀传统。我们这两三代吃过几十年古巴糖的中国人永远不会忘记远方的小兄弟，中古两国人民在长期同甘苦、共患难中建立起来的友谊，应该是 12 级台风也吹不倒的。我在网上看过一位名叫北方长者的博文。他说，古巴糖救过我们中国人的命，如今古巴朋友仍有困难，我们应该尽力帮助他们。我知道，已经有人在做这件事了，近读《中山侨刊》，得知中山市外事侨务局又做了一件好事——全额资助一位名叫哈瓦那穷困的老华人妇女来中山家乡探亲寻根。他们这样做，首先固然是响应国家侨办“海外惠侨工程”之“为侨服务行动年”的号召；但同时也是出于自觉：“以前是侨胞为家乡建设出钱出力，现在中山的经济发展了，市政府也希望尽可能帮助异国他乡的有困难的同胞。”[②]

北方长者和中山市政府都说出了中国人民的心声——这就是中古两国人民友好的最坚实基础。

---

① 黄卓才 . 鸿雁飞越加勒比：古巴华侨家书纪事［M］. 广州：暨南大学出版社，2016：254.

② 温国科. 中山侨刊［J］. 2015（6）.

我的古巴女排情缘

我与古巴女排的情缘由来已久。像追捧中国女排一样，古巴女排也是我最喜欢的世界劲旅。

自 1981 年起，世界女子排坛刮起了强劲的“加勒比旋风”。古巴女排先后取得了三届奥运会（1992，1996，2000），四届世界杯（1989，1991，1995，1999），两届世锦赛（1994，1998）等几乎所有世界大赛的冠军。她们“八连冠”的辉煌战绩超过了中国女排的“五连冠”。

古巴以棒球为国球，但无与伦比的运动天赋使他们在田径、排球等项目上也一样出色。排球运动 1895 年起源于美国，据说十年后有一个叫作约克的军官把它带到古巴。天生善于弹跳的古巴人很快就迷上了这项运动，并赢得了新兴初期几乎所有世界大赛的荣誉。

不过，在 20 世纪六七十年代，世界女子排坛曾是苏联队和日本队的天下。进入 80 年代，才有“群‘雌’并起”，涌现以“黑色橡胶”路易斯为代表的古巴女排和以“铁榔头”郎平领衔的中国女排两强新秀。而高举高打的俄罗斯队和勇于拼搏的日本队余威未尽，又有以 1.94 米的海曼为主攻手的美国队崛起，赛场上经常呈现着顽强拼杀、互不相让的景观。其中尤以古巴队的表现最引人注目。所以每当电视播放古巴女排的比赛，我一定收看。因为她们打得实在太精彩了，特别是与中国队强强

>> 并不夸张的古巴娃娃　黄卓才　摄

相遇的时候。

当年古巴女排几乎是清一色的黑人，被誉为“黑珍珠”。她们之中可能有黑白混血的后裔，甚至有华人基因，但一律拥有非洲黑人的肤色、骄人的身材，以及祖传的肌腱和特有的弹跳力。结实高翘的屁股尤其引人注目，一如古巴工艺品里的黑妹娃娃。

>>3号主攻手米雷娅·路易斯　源自网络

在古巴女排“黑珍珠”中，我最喜欢3号主攻手米雷娅·路易斯（Mireya Luis）。她中等个子，身高只有1.73米，但弹跳力惊人，拦网高度却达3.16米，扣球高度则是3.35米。还有说她可以弹跳到3.7米的。传闻路易斯从小就喜欢跳跃，在自家果园摘水果从来不用爬树或架梯子，也许她就是个女孙悟空。赛场上，她的表现实在惊人，在无人拦网的情况下她能把球重重地扣在对方一米线内，简直把对手砸懵。由于她的扣杀实在太凌厉、太强悍了，对方后排的队员经常是在躲避而不是主动防守。有评论形容，她的地板球不知破灭多少优秀对手的梦想。正因为这样，20世纪80年代末到90年代，世界女子排球运动进入了“路易斯时代”。能够与之抗衡的，只有我们中国队的“铁榔头”郎平。但路易斯5次被评为世界最佳女排选手，她的运动生涯一直延续到2000年，曾与中国女排四代选手交锋，比郎平更“耐打”。因此，在20多年间，我也就有机会不断观赏她的精彩表演。

我之所以特别喜欢古巴女排，是有深层原因的。第一，我是古巴侨属，自然关注古巴的人，古巴的事物。第二，我本身也曾是排球运动员。我的家乡广东省台山市是全国有名的“排球之乡”。全市有50万人会打排球，占全市人口的50%。据说，1914年左右，这项运动由旅美华侨带回家乡台山，深受群众喜爱，因而在这片南海之滨的大地上蓬勃发展。到20世纪四五十年代，台山每个墟镇、乡村都有排球场。台山出身的排球运动员有3 000多人被聘请到全国各省队市队担任主力，教练员也多由台山人担纲。周恩来总理曾

>> 当年，球赛后黄卓才与队友在大学排球场上的留影

赞“全国排球半台山”。受古巴情结和运动风气的影响，我从小就与排球结缘。

我的排球缘分起始于高小阶段。当时学校有一个排球场，而且一出校门就是墟镇的排球场，四乡的排球赛就在这里举行。那时的赛制是九人排球，球网又比现在的低，所以打起来非常激烈。每逢比赛，总是人山人海，人声鼎沸。排球落地的咚咚响声和运动员“喊打喊杀”的欢叫声震天动地。这时，我在课室里再也坐不住了，就跑出去看球。一次，一个虎背熊腰的青年农民主攻手一锤重扣，皮球落地开花，满场掌声、喝彩声、欢呼声如狂风暴雨。“一个新波（球）被阿强打爆了！”他的英雄形象在我的脑海里刻上了永远的印记。于是，在体育课上，在课余假日，我也学起打排球来。

1955年，我15岁，成了广州第十七中学排球队队员，在教练（体育老师）率领下征战全市各兄弟学校；1957年，我被广州市体委选入广州少年队，备战将在北京举行的全国少年排球赛。岂料几个超龄队员纷纷跑回乡下写证明改小年龄，我和几位符合年龄要求的队友名额反被挤占。上京美梦破灭了，我第一次尝到了挫折的苦涩。但对排球

>> 90后的古巴女排　源自网络

的痴迷并未消减。

1958 年，我被选入暨南大学校队。整个大学阶段，排球都是我的运动主项目。除了多次征战华工、华师等高校排球队，还跟广东省女子排球队打过友谊赛。

参加工作以后，我虽然退出了赛场，但仍然是排球迷。随着古巴女排和中国女排的崛起，我更成了追星一族。而古巴女排，更是我穷追不舍的对象。她们除了耀眼的明星路易斯之外，还有 10 号副攻雷格拉·托雷斯（Regla Torres）。由于我一直担任二传，我对古巴队的 2 号二传手马兰妮斯·科斯塔（Marlenis Costa）自然特别关注。她除了可爱的嘟嘟脸让许多人喜欢不已之外，传送稳健准确，单臂传球的绝技出神入化，又能扣球和拦网，无愧于“最优秀二传手”的美誉。看她们打球，真是一种艺术的享受。

物换星移，新人辈出。那一代古巴女排的身影却依然留存在我心中。

>>1962 年暨南大学校队迎战来访的广东省女子排球队，此战著者（左一）担任代理教练

遗憾的是，近些年古巴女排一落千丈了，它已经从排坛霸主沦为不堪一击的“鱼腩”。在2008年北京奥运会以后，古巴女排的队员纷纷离队，出国打球，甚至出现主力“叛逃”事件，闪亮的“黑珍珠”散落到意大利、俄罗斯等地，成为穿着别国球衣的对手。于是，2011年，古巴女排20年首次无缘世界杯。2014年世锦赛小组赛中五战皆负，小组垫底，未能进入前16名的复赛，最终仅仅排在并列第21名。2015年的世界杯，古巴女排以年轻阵容出战，但它已经无力争夺奖牌，目标只是力争好一点的名次而已。

何故？古巴国内经济不景气，球队缺乏资金支持，以及“举国体制”的僵化体育管理模式，令运动员不满，可能是主要原因。

“黑色橡胶”超乎寻常的陨落令人扼腕，促人深思。

看来，古巴女排想要重新崛起，绝非挖掘一两个新天才，或苦抓技战术那么简单。社会经济状况和体育体制的改善都是关键。

父亲旅居古巴 50 年

我的父亲黄宝世，于 1925 年由中国广东省台山农村去古巴谋生，至 1975 年去世，在古巴侨居了整整 50 年。他不仅在所旅居城市 Sagua la Grande（大沙华）开店谋生，从一名打工仔成长为侨领，还热心地在当地传播中华文化、促进中古友谊，被当地人赞为“高尚的人”。

从家乡到古巴

我的父亲黄宝世出生于一个私塾先生家庭。因为家穷，只读过三年书，十五六岁就要挑着杂货担子穿村过乡，赚钱帮补家用。

18 岁那年，父亲已经出落得一表人才，这位小“货郎”被墟上一家药材铺老板相中，招去做伙计。白天，他捡药、晒药、捣药、煎药、送药，勤手勤脚；夜晚，店门上留一个活动小窗口，他睡在窗口下等人来买药，一叫即醒。他待人诚恳、服务周到，深得顾客称赞；他勤读医书，捡药时细心认字，记账时用心练毛笔字，很快熟识了业务，字也写得

>> 小城里有高楼大厦，大沙华曾经辉煌　黄雅凡摄

漂亮。20 岁出头，就当上了掌柜(经理)。

27 岁那年，村里一位同龄人约他一起去古巴谋生。台山侨乡有一首民谣：《家里贫穷去阿湾》。这时父亲不算太穷，但为了追求更美好生活，怀着对西洋文明的向往，他心动了。这个事情得到美国华侨岳父的支持。父亲借了一些盘缠，坐了三个月的船，到了地球另一边的古巴。

在古巴，他与同乡定居 La Provincia de Villa Clara(维亚克拉拉)省的 Sagua la Grande。像许多旅古华侨一样，他多添了一个西班牙文名字：Fernando Wong。

从打工仔到店主和侨领

初时，父亲做理发匠，其后当西班牙人的管家。父亲是个善于学习的人，在雇主家，他学会了西班牙文。后来父亲当了二三十年 Sagua la Grande 中华会馆主席，直至1975年在任上去世，除了他的服务精神和人格魅力之外，还因为中西文兼通，善于与古巴官员打交道，乐意结交古巴朋友。

>> 黄宝世商店旧址　黄雅凡摄

到古巴几年后，父亲就实现了由打工仔向杂货铺店主的转身。华侨在古巴开店，不熟悉当地法律政策，赚钱很不容易。父亲以难以想象的勤劳和节俭，把点点滴滴积聚下来的银两寄回家乡供养家人生活。而同时，他的店铺也成了救济失业华侨乡亲的“收容站”。

20 世纪四五十年代，Sagua la Grande 华侨有 3 000 多人，包括杂货店、酒店、餐馆、戏院、工厂等华人小企业100多家，为促进了这个城市的经济繁荣、丰富居民生活作出了贡献，父亲的商店也是其中之一。“二战”期间，古巴华侨为中国抗日捐款240万美元，至于父亲捐了多少，他从未说过。经商30多年他向Sagua la Grande政府交了多少税，为当地社会做了多少公益，也一直只字不提。但市民记得他的好，2014年我和家属前去寻访父亲商店旧址时，长者们赞不绝口，说他是个“高尚的人”……

“忠骨岂不献古巴”

在古巴中华总会馆的厅堂上，高挂着一首七言诗：“问祖索裔远中华 / 转宗生根哈瓦那 / 丽岛山水哺吾辈 / 忠骨岂不献古巴。”

黄宝世对古巴的贡献，不止表现在商业上，他还是中华文化的传播者。他把自己掌握的中医药知识，种菜种果的技术，粤菜烹调的技术，都一一传授给古巴朋友。他跟我妈妈说过，当地人原来不怎么爱吃鱼，就是因为他和华人把广式清蒸鱼和油炸鱼块做得味道鲜美，当地人才变得爱吃鱼了。

>> 黄宝世义子、革命烈士塔蒂

无意中在古巴培养了一个革命者，而这，也许是连他自己也没想到的。

Sagua la Grande有一个西裔人家，常来店里买油盐酱醋。父亲得知这个家庭中只有母亲Yeya独力带着五个孩子，生活相当穷困，便常施以援手。后来还把Yeya的长子Idalberto Revuelta Diaz(小名Tati塔蒂)认作义子。

Tati与我同龄，三四岁起跟随我父亲生活，达16年之久。Tati学生时代课余时间就在我父亲店里帮点忙。1957年左右，Tati投身卡斯特罗领导的革命。1958年1月26日，已经看到革命胜利曙光的Tati却在与旧警察的枪战中牺牲，成为烈士。当时他只有20岁。

父亲旅居古巴50年，勤劳创业，身后却没有留下分文资产。他去古巴后只回过中国一次，那是1937年。那时我才出生几个月，父亲即因日本侵略战火逼近而又匆匆离乡返回古巴。临别时，他对妻子和襁褓中的儿子说，再去古巴做十年八年生意，赚了钱就回来养鸡，学西人那样科学养鸡；去瓶身山（家乡的一座山）挖金，工程师说那里的金矿快成熟了……可是，“二战”胜利他没回来——当时生意热火朝天，他放不下；古巴革命后，他想回又回不来了，他没有钱，又把老侨免费乘搭中国货船的机会让给了别人。最终客死他乡，留下永远的乡愁。

>> 废弃了的大沙华火车站。以前这里是重要的经济交通枢纽　小幺摄

家书记录中巴友好交往

在那个没有越洋电话、没有E-mail的年代，我和父亲的联系全靠手写书信。父亲的家书不但传递浓浓的亲情，还密切地关爱着妻子儿孙和亲戚朋友的生活。特别是对我由读书、结婚、工作到生儿育女的整个成长过程，都给予指导。他的家书言简意赅，视野广阔，对于当地的生活环境和世情时局也有精辟的描述和独到的分析。古

人说“家书抵万金”，我父亲这些珍贵家书是他留给子孙后代和社会的一笔巨大精神财富，是我们黄家的传家宝。

2006年，我把保存下来的40多封父亲家书整理出来，并以它为基础史料，写成历史文献著作《古巴华侨家书故事》。后又补充了大量史料，于2011年推出纪实文学新版《鸿雁飞越加勒比——古巴华侨家书纪事》。这两本书因为“娓娓道出一个跨国移民家庭几代人的百年繁衍与发展，活现了一部真实的私人生活史和古巴当代华侨史”，获得了学术著作奖和华侨华人文学奖，在国内外读者和学术界引起热烈的反响。中国中央电视台等媒体还进行了报道。

近几年，我们黄家后人陆续前往古巴为黄宝世先生扫墓，探亲访友，追寻华人的踪迹。通过越来越广泛的社交活动，以书会友，结交了越来越多的古巴和拉美朋友，努力搭建民间文化交流的桥梁。

>> 今日大沙华——车窗外的街景　小幺摄

（原载《今日中国》杂志2016年第六期，题《一位华侨的古巴50年》；后被译成西班牙文刊登于该杂志同年第9期的拉美版）

一块手表的故事

一块看似普通的手表，却被作为重要文物长期陈列在广东省华侨博物馆。这是因为它不但蕴含着一个跨国家庭悲欢离合的故事，而且舒卷着变幻莫测的时代风云。

这是一只“NOBELLUX”牌瑞士男装日历机械表。时间回到1960年，我在广州读大学，很需要手表。当时正值“经济困难”，物质十分匮乏，买不到手表，我就写信告诉在古巴的父亲黄宝世。不久，父亲果然寄来手表，而且一寄就是三块。这是其中的一块，另外两块在“文化大革命”动乱中都丢失了。

>> 原件收藏在广东华侨博物馆

两块手表的丢失都有点莫名其妙。一块女装金表，我送给女朋友——后来的妻子，她爱不释手，视为至宝。但有一次在门口手洗衣服时，脱下来放在身旁，洗完衣服后却找不到了。另一块古典式男表，也许是被一个“红卫兵”偷走的。

1966年夏天，“文革”风狂浪急。当时我才27岁，“红旗下成长”的中学青年教师，一夜之间却以莫须有的罪名被关进“牛栏”。接踵而来的是野蛮批斗、强迫劳动。那一天早晨，我们被“红卫兵”赶到菜地施肥。施完肥，满身臭气，被允许洗个澡。我把手表放进衣袋，将脱下的衣服搭在简陋冲凉房的半截外墙上。洗完澡穿衣服时发现手表不见了，我怀疑是其中一个红卫兵偷的。但在这样的环境下，投诉无门，我也只好自叹倒霉了。

谁知过了几天，却传来批斗这个红卫兵的消息。据说，我失手表的当晚，他未经请假私自回家去了，于是被怀疑转移赃物。

剩下的这一块“NOBELLUX”，成了我珍贵的传家宝！这是父亲的礼物啊，它从万里之外飞过加勒比海，飞过太平洋，才戴在我

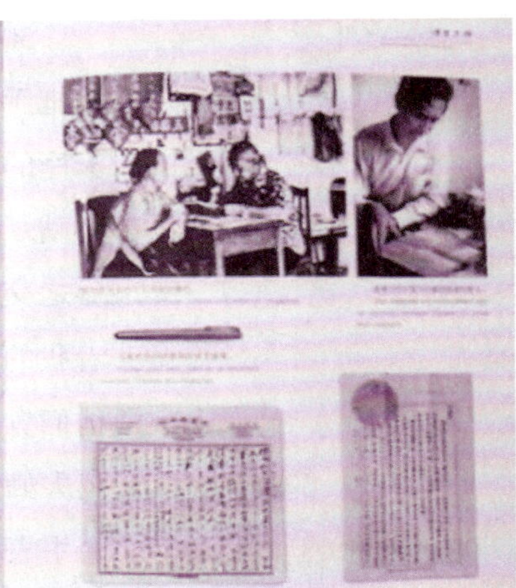

>> 大型画册《侨德如山——广东华侨博物馆陈列》记载了黄宝世家书等展品

手上！我出生几个月，回国探亲的父亲为了躲避日寇侵略的战火，不得不匆匆惜别妻儿返回古巴。从此父子无缘聚首，我只能从家书中接受父亲的教诲，只能从手表上感受父爱的温暖！这块手表陪伴我备课、上课、批改作业、出差、开会……直到改革开放，市场上手表琳琅满目。而它，已经走不动了。

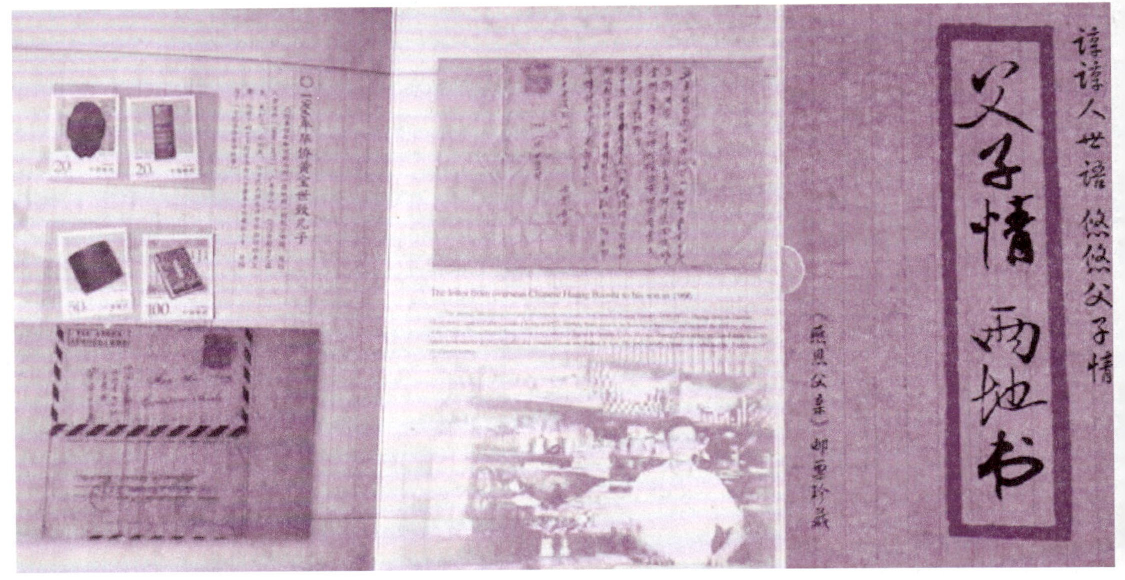

>> 中国邮政2015年发行的《父子情　两地书》专题邮册，收入了著者的家书

50年后，我整理了父亲的家书，出版了《古巴华侨家书故事》，我把手表的照片印在书上。华侨先辈的奋斗历程和崇高品德，跨国家庭的骨肉亲情和望穿秋水的思念，华侨后裔挥之不去的古巴情结，感动了许多读者。美国堪萨斯大学摄影系主任刘博智教授和他的忘年之交、古巴海归谭艳萍小姐，相约分别从堪萨斯和北京出发，带着我的书到古巴我父亲的侨居地去寻找故事续篇。令人惊喜的是，他们竟然找到我父亲的义子塔蒂（革命烈士）的弟弟、弟媳尤西比奥夫妇。当尤西比奥翻到书中的手表照片时，他兴奋地叫出声来："这个手表是当年我帮黄宝世买的。"

消息传来，我的眼睛顿时充满了泪水。1960年，卡斯特罗掌权后宣布没收美国财产，走社会主义道路。美国当即决定封锁古巴，予以制裁。向来依赖美国进口物资的古巴市场一片萧条，买个手表，特别是瑞士进口手表，与中国大陆一样不容易。而父亲和他的古巴友人竟然给我买到了！啊，这件华侨文物不但饱含父子情，还是中国人和古巴人深厚情谊的见证呢！

古巴，我的拉美家乡

——在古巴著名记者、作家卡秋斯卡·布兰科·卡斯蒂涅拉《时代游击队员》（中文版）广州发布会的讲话稿

尊敬的佩雷斯总领事

尊敬的卡秋斯卡女士

各位领导、各位来宾朋友：

大家好！

今天，古巴共和国驻广州总领事馆在这里举办古巴名记者、作家卡秋斯卡·布兰科·卡斯蒂涅拉女士大著《时代游击队员》（中文版）的广州发布会，我有机会出席并应邀在这里发言，感到非常荣幸。首先让我向卡秋斯卡女士致以热烈的祝贺！并向各位领导和来宾朋友致以亲切的问候。

>>《时代游击f队员》上下册1 000页的皇皇巨著

中国人都有浓厚的古巴情结。卡斯特罗的英雄传奇故事在中国家喻户晓，理想主义革命家格瓦拉在中国拥有无数粉丝；《美丽的哈瓦那》的美妙歌声曾经在一代人中响遍大江南北，激情四射的古巴热带舞蹈和充满加勒比浪漫情调的古巴音乐是年轻人的至爱，古巴雪茄、咖啡和朗姆酒令许多人着迷……古巴人的革命精神和独特的民族文化已经渗进中国人民的内心和日常生活。我还来不及拜读卡秋斯卡女士的这本千页巨著，但从媒体介绍得知，卡秋斯卡女士长期在卡斯特罗身边工作，亲自聆听历史领袖本人讲述革命经历、细心记录他的心路历程。我相信，这样一本以访谈形式撰写的卡斯特罗大传，一定会有许多新的看点，将会帮助我们更进一步了解卡斯特罗的生平思想，了解古巴的革命历史和社会主义特色。在中国和拉美战略伙伴关系进一步加强和美古复交而掀起新一轮“古巴热”中，这本书必定会受到中国广大读者的关注和欢迎。

中古人民友谊源远流长。自从1847年6月3日第一批“猪仔”

>> 黄卓才与卡秋斯卡互赠著作　曲辰　摄

华工到达哈瓦那港，169年来至少有过20多万中国移民到古巴去谋生。在西班牙殖民时期，华工在甘蔗园、糖厂和烟草种植园做苦力，修铁路、开矿，以血汗和生命为代价，为古巴的工农业发展和基本建设做出了贡献。后来华人进入城市，开杂货店、中餐馆、洗衣馆，办小工厂、小农场。到20世纪资本主义阶段，遍布全国各地至少有3 500多家华人私营小企业，还有大量的小摊贩，为活跃古巴城乡商业和服务业、丰富和提高居民的生活质量而辛勤服务，大大促进了古巴经济的繁荣和多元文化的发展。回顾1868年、1895年两次民族独立战争，许多不堪西班牙殖民者压迫欺凌的华侨华人与古巴人民一道揭竿而起，冲锋在前，勇敢杀敌，涌现了伍德、赖华等著名的战斗英雄，以及抢救了无数伤兵的中国医生张黄等传奇人物，受到古巴人民的称赞和爱戴。在卡斯特罗领导的革命中，华侨华人大力给予后援支持，不少华裔参加了起义，在战斗中又涌现了一批英勇善战的英雄人物，邵黄将军、崔将军、蔡将军就是其中的代表。历史事实证明，中古两国人民是好兄弟，好战友！此刻，我们正在热烈庆祝中古建交56周年。我相信，卡秋斯卡女士的大著将为巩固和发展两国人民的伟大友谊增添新能量。

>> 会后的交流　广华　摄

在中国，有数以百万计的古巴侨属，我是其中之一。古巴是我的第二家国！我的父亲在古巴大沙华埠工作、生活了整整50年，最后长眠于沙瓜河畔。他先打工，后开杂货店，是大沙华中华会馆的终身主席。他热爱祖国，热爱家乡，也热爱侨居国古巴。他把自己的青春、生命和资产、遗产全部贡献给了古巴。他有一个西裔义子，我的同龄义弟，叫作塔蒂，18岁参加卡斯特罗的起义，革命胜利前夕牺牲在巴蒂斯塔政府的警察枪下，20岁成为革命烈士。去年，我和太太、三个儿女和一位外孙女从中、美、加三个国家集中于多伦多飞到古巴去扫墓，去探亲访友，去旅游访问，追寻先侨的踪迹，了解古巴社会发展、民情风俗和华侨华人华裔的生活现状。我见到了美丽的古巴，非常喜欢古巴，留恋古巴，回来写下了《早安，古巴》等一批游记随笔，准备出一本书。加上我几年前已经出版的讲述父亲家书故事的长篇报告文学《鸿雁飞越加勒比——古巴华侨家书故事》，我希望有机会翻译成西班牙文和英文，与卡秋斯卡女士、与古巴朋友交流，共同参加搭建中古人民友谊桥梁的伟大工程，为促进两国民间文化交流出力。

最后，让我衷心祝愿《时代游击队员》发行成功！

谢谢各位！

著者附记： 2015年10月19日，古巴驻广州总领事馆与广东华侨博物馆联合举办古巴名记者、作家卡秋斯卡·布兰科·卡斯蒂涅拉《时代游击队员》（中文版）发布会。这是我在会上的讲话稿。为避免与领导讲话重复，演讲时略有删节。

>> 卡秋斯卡在介绍创作心得

关于这次发布会的情况，出席者广东私立华联学院董事会顾问、前副校长曲辰教授做了生动的记录：

从加勒比海吹来的热风

>> 会后的合影
左起：广东华侨博物馆王明惠馆长、古巴驻广州总领事佩雷斯、卡秋斯卡、黄卓才、广东省学前教育学会副会长罗奇星、曲辰教授 张天慈 摄

应古巴驻穗总领事馆邀请，昨日下午，我出席领事馆假广东华侨博物馆举行的《时代游击队员》口述传记(中译版)发布仪式。受邀者不多，却多有古巴情结：50后尊崇卡斯特罗，80后情钟切·格瓦拉。

坐落在广州二沙岛上的广东华侨博物馆，馆内设计宛如一艘远洋轮，每一层皆从甲板扶着舷梯直上，船上空是360度自然风回旋，置身其间，颇能让人穿越，感同身受广府先侨远渡重洋谋生创业的情境。机缘巧合的是墙壁上浮雕再现的正是中国人从19世纪远赴古巴修路、种蔗的艰难历程，他们无愧于移民先驱者的盛赞。王明惠馆长所列举的馆藏历史珍品恰又与传记反映的时代华侨在古巴开发与革命中的贡献相印证。

古巴侨属黄卓才教授应邀作主题发言，他从民间视角，讲述了由“鸿雁飞越加勒比海”所形成的古巴情结。他所分享的古巴华侨生活的点滴细节，反过来也为人们进一步了解古巴的生活、文化、风俗以及旅游风光提供了借鉴。新书首发中加入了黄卓才教授与卡秋斯卡女士的一个中古作家交换作品的环节，使发布会的气氛更加热烈起来。

重头戏自然是传记作者卡秋斯卡·布兰科·卡斯蒂涅拉(Katiusca Blanco Castiñeira)讲述创作历程和心得，她说西班牙语，幸有幻灯同步翻译，扫除了语言的障碍。从她抑扬顿挫的语调中，与会者可以感受到一种激越的情怀。本书可贵之处，并无神化偶像之嫌，而是还其本来面貌，写出卡斯特罗的个性。虽曰口传，却非孤证，作者广泛采访相关人，查阅相关事，走进受访者的精神世界，成为忘年之交。传记中披露了领袖同时代人鲜知的凡人凡事，亦不乏作为

20世纪硕果仅存的产生世界影响的领袖人物对当代重大历史事件的真知灼见与道德思考。披历廿载，作者的文字千锤百炼，生动感人。我们应该感谢卡秋斯卡·布兰科·卡斯蒂涅拉，她让我们看到一位真实的卡斯特罗。

在主礼人总领事伊萨贝尔·佩雷斯（Isabel Perez Suarez）女士答谢后，发布仪式似乎还没有结束。人们并没有马上散去，而是粉丝般簇拥在作家周围，虔诚地轮候着她的签赠，并争相合影。背景屏幕上，优美的《哈瓦那之歌》，熟悉的旋律伴随着加勒比海海滩弥漫着的热风，将气氛再度推向高潮。

>> 古巴作家为曲辰教授签名赠书 广华 摄

万里情牵哈瓦那

——访台山“古巴华侨村”

我终于找到了最牛的“古巴村”了。

中国苦力1847年抵达古巴，至今已有近170年的历史。由卖身的“猪仔”劳工而至后来的自由移民，共同形成20多万人的古巴华侨群体。他们的家乡，主要是南粤“广府”，其中尤以五邑地区的台山、恩平、开平、新会等县市为主。于是，在这些侨乡中就出现古巴侨属众多的“古巴华侨村”。

那一天，我接到一个电话，是台山古巴侨属李焕钦先生打来的。他在电视上看了我讲古巴见闻的访谈节目，向电视台要到我的电话。

“我们村古巴侨属上百户，古巴华侨上百人……”

畅谈良久，放下电话，我久久不能平静！我判断：台山最大的“古巴村”就在这里了！说不定，这就是中国第一“古巴华侨村”！

最牛的“古巴村”

>> 李焕钦（右）和95岁长者李炳沃（中）接受著者访问 梅子 摄

多年来，我特别关注“古巴村”的信息。除了我是古巴侨属、古巴华侨研究者，还因为古巴驻广州前总领事菲力克斯先生希望我带他去参观“古巴村”。我一直想为他找到一个比较典型的村落。以前我读友人梅伟强教授主笔的《广东台山华侨志》[1]，见有关于“古巴村”的记载，说的是广海镇的夹水村，有 11 户人家是古巴侨属。梅教授还向我介绍过新会的沙堆村。但就人数和人口比例而论，与松咀相比，恐怕是小巫见大巫了。

不久前，我怀着浓厚的兴趣探访了松咀村。接待我的除了焕叔，还有 95 岁高龄的李炳沃先生和他 69 岁的儿子。炳沃老先生的父亲和他自己分别是古巴、印尼归侨。一位将近百岁的长者，身体却很硬朗，耳聪目明，声如洪钟，头脑十分清晰，是村史的活字典。关于古巴华侨侨属的情况，他如数家珍。

松咀村是三合镇温泉村委会的一个自然村，位于台海（台城—广海）公路边，离台山市府所在的台城 9 千米，靠近喜运来温泉和颐和新城，很好找。

这是一个典型的侨村。据 1978 年的数据，全村 100 多户人家，400 人口，几乎都是侨属，几乎所有的房子都是“侨房”。这些侨房，绝大多数是古巴华侨、侨属在 20 世纪 20—40 年代以侨资兴建的，其中只有几户是美国、加拿大的侨产。

根据焕叔和炳沃的回忆，松咀人去古巴已有 130 多年历史。经我和焕叔实地调查，逐户点数，百多年来去过古巴谋生的有 90 多人，翻查族谱落实名字的 88 人。这些老侨均已去世，但在村中大多数有亲属在，一些古巴土生华裔如今生活在哈瓦那和美国迈阿密等地。一个百户人家的村子有这么多的古巴华侨、侨属，实在令人吃惊。

为什么去阿湾

松咀人去古巴在当地并非孤立现象。汤湖堡（即现在的温泉区）好多村子都去了不少，只是松咀村去得最多罢了。至于整个台山，那就更不用说，“去阿湾（哈瓦那、古巴）”在 20 世纪上半叶的台山曾经是一个流行词。而在古巴侨界，台山话、广州话通行无阻，台山华侨社团也有十多个。

---

① 2005 年内部印刷本。

当年为什么这么多人去古巴？

台山有一首民谣：“家里贫穷去阿湾，去到阿湾实艰难……”“猪仔华工”时代不说，即使是到了自由移民时代，古巴华侨一直谋生不易，富人很少，这是事实。但 20 世纪上半叶，古巴的环境还是不错的。19 世纪末美西战争后，战胜方的美国取代西班牙控制了古巴，资本主义得以发育。20 世纪 30 年代，美国支持军人巴蒂斯塔政变上台并保持长期的蜜月关系，美资大量涌入，古巴经济迅速发达，“世界糖罐”加上旅游业繁荣，吸引了欧美大量游客和投资者，哈瓦那成了灯红酒绿的“销金窟”“小巴黎”。松咀村旅古侨胞李杏坛有诗为证：

公园景物望无边，电炬齐明耀九天。

白叟黄童游似鲫，红男绿女美如仙。

——《三愚诗存·中秋游湾京中央公园》

当时正值美国排华，中国自由移民于是从中国内地、香港，菲律宾、美国加利福尼亚等地涌向古巴。古巴对华侨工商业历来诸多掣肘，但勤劳节俭和聪明过人的华人总能在夹缝中求生，艰难之中仍可赚到钱。

我参观了焕叔家的两座房子。其中一座建于 1935 年，主要资金是他爷爷在古巴开洗衣馆赚的钱。他让家人花一倍的高价（1 200 元）抢购了一块风水宝地，又花了 4 000 元的材料费和人工费，建成这座 100 平方米、一层半的“楼仔屋”。另一座比较新的是他后来做长途贩运生意赚钱建的，生意本钱当然还是侨爷“祖传”。如今，他家里保存着

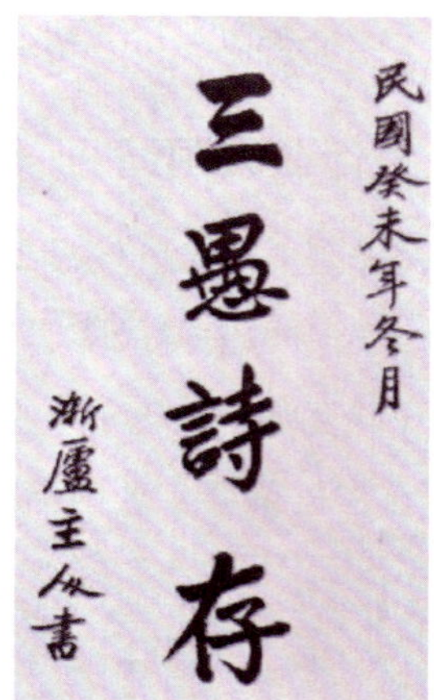

>> 村民收藏的古巴华侨家书和诗集 黄卓才 摄

父亲从古巴带回来的“金山箱”，不少旧照片和十几封古巴家书，以及一座大照身镜和老式大挂钟。他告诉我，还有一批旧田契（土地证）没翻出来。

在这些文物的背后，就是焕叔的爷爷和父亲的故事。

爷爷树圣生于1888年，本是普通农民。20多岁结婚后生下一女，日子过得并不宽裕，于是决心出洋谋生。1915年左右到了哈瓦那打工。三年后回国再添千金，继而再返哈瓦那艰苦创业。几年后开了一家洗衣馆。1924年（36岁）第二派（次）回家，儿子群登还在妻子腹中，他又去了古巴，埋头于洗衣馆生意。当年生意红火，树圣乐不思蜀。他不断寄钱回家赡养老婆子女，儿子群登却像侨乡的“侨二代”公子哥儿一样，变成了依赖侨汇混沌过日的“二世祖”。树圣急了，赶紧办纸（护照）让他去古巴。群登成婚后，妻子有孕在身，他即于1949年奉父命赴古巴，后在哈瓦那唐人街开了一间杂货铺。

1945—1949年，即中国抗战胜利后的那几年，断了水路多年的台山华侨从世界各地蜂拥回国，娶妻、起屋（建房）、买田，一时好景无两。树圣无法抽身回乡，但他寄了不少钱回来，吩咐家人起屋、买田、投资银行。家人买下了21块田，总面积约五亩（土改时评为富农）。他还投资台山通亚银行，股份数现已无法查考，但焕叔指着旧屋墙上的大挂钟和照身镜告诉我，这就是新中成立前夕通亚银行倒闭时，他亲自去台城搬回来的。

当年古巴货币（比索）与美元等值，“汇水”高，诱惑力强。在松咀，像李树圣这样“掘金”成功的先例早已有之。于是，阿湾成了村人趋之若鹜的移民目的地。

在古巴华侨中，还有少量另类“隐士”，他们饱读经史，满肚文墨，但“当逊清之末叶，朝政不纲，逮及民元，军阀专横，淆乱益甚，忧时之士，避居异域，拭目以俟其清者，不乏人矣”。[①] 旅居湾京的村人李杏坛，即属此类。

① 李迪俊. 三愚诗存序.

20世纪二三十年代，哈瓦那出现了一家独特的会馆——松咀馆。古巴曾经有过100多个各种类型的华侨社团组织，但以一个村子名义建立的社团和会馆，我还是第一次听说。这显然也是人雄势众和寻求互相扶持庇护之故。

情系哈瓦那

不过，古巴华侨成功创业、为家庭致富脱贫的背后，也隐藏着许多辛酸、许多血泪。焕钦的爷爷回唐山，儿子尚未出世就匆匆返出古巴；父亲呢，新婚后也等不到儿子降生，就惜别娇妻去哈瓦那，到了25岁，儿子才第一次在异国他乡见到爸爸。而焕钦本人呢，直到父亲在古巴过世，也没有机会见到。两代侨妇，即焕钦的“阿人”（祖母）和阿妈，更想不到生离就是死别！她们又是怎样由少妇到老太婆，一直独守空房、熬过一生的？个中的孤寂与痛苦，今天生在“糖水”中的年轻人，是根本不能理解的吧。

还有一件事，对于这个家庭也是重大的打击。1959年，卡斯特罗上台，华侨处境恶化，能逃的则逃，逃不了的只好听天由命。在

>> 走访松咀村 黄卓才 摄

“国有化运动”中，华侨的商铺甚至连街头摊档统统被没收，焕钦爷爷和父亲的两间商铺充公了。因受美国封锁，作为报复措施之一，古巴政府宣布禁止美元流通，私藏美元属非法。他爷爷藏在衣馆的12 000美元被搜去。这是一笔相当于两三间华侨商铺资产的巨款，损失何其大啊！他们不服气，去打官司，却以失败告终。

焕钦的父亲和爷爷已经先后于三四十年前客死他乡。据他所知，爷爷和父亲在哈瓦那并无“番婆”（西裔妻室）及后裔，当年衣馆已经倒塌，被改建成凉亭，松咀馆不复存在了。当年他的出洋美梦也被粉碎。在那个中、古两国都关着大门的年代，万里远隔，他只能魂牵梦绕哈瓦那罢了。但是，旅古乡亲的信息还是间间断断地传来。20年前，开始有些松咀后裔从古巴、美国等地回来寻宗问祖。村人李赞灼（李生）曾两次应国家侨办的邀请到北京参加国庆观礼，随后回乡省亲。他当时是古巴洪门民治党副主席，后来曾任中华总会馆主席、洪门民治党和李陇西公所三个社团的主席，是著名古巴侨领。

这些年，信息畅通了，焕钦两个移民哥伦比亚和美国的儿子事业有成。看到陆续有侨属前往古巴拜山、旅游访问，又碰上了美古复交的好时机，他也心动了。特别是反复多次收看了电视台播放我古巴之行的访谈节目之后，他深埋心底的哈瓦那情结再掀波澜，一个强烈的心愿萌动了，他和儿子已经在盘算着怎样去古巴了。

再访“古巴华侨村”

我第二次访问松咀古巴华侨村，除了原班人马之外，还带上了回乡探亲的古巴著名侨领周卓明，还有他的侄子及同乡朋友。台山电视台得知消息，派了两位年轻记者随行采访。

>> 周卓明先生（中）和乡亲紧紧握手 黄卓才 摄

周卓明先生是中华总会馆的西文书记，古巴洪门民治党副主席。一听说访问古巴村，他就来了劲。

当下时事的一个热点，是互相对抗了50多年的一对老冤家美国和古巴复交。这件事引起全世界的关注，华侨和侨属自然盯得更紧，古巴华裔回乡寻宗问祖、中国家属前往古巴探亲旅游的热情已被点燃。

上一次去松咀，发现了这个古巴华侨村，回来就写了一篇访问记。这次再来，是想多见一些村民，多了解一些情况，获得更多的研究资料，把有关信息继续传播出去。

一大早，古巴侨眷焕叔（李焕钦）就等在村口了。村头的大榕树下，男女老少聚了一大群人。一接触，就知道他们都是古巴华侨的后人。远方来客周卓明自然是最受欢迎的贵宾。他亲热地拉住村民的手说：“太高兴了，见到这么多乡亲！”

一见面，焕叔就交给我一份五页A4纸的“松咀旅古巴人名单”复印表格。上面手写记录着村中每个古巴华侨的姓名、乳名、（旅古）

时间、终老地、置业情况、亲属的情况，还有个“其他”的备注栏。

统计列入表格的数据，确知该村20世纪以来，旅古巴华侨88人，其中归侨21人，转赴美国的7人，在古巴去世的56人，以侨资建造的两层楼仔屋或青砖屋共31间。

焕叔的调查工作是受我的委托去做的。他告诉我，表格材料逐家逐户核实过。老一辈华侨的情况，是从族谱查找的，同时参考了95岁的老人李炳沃的回忆。炳沃的父亲是古巴华侨，他本人是印尼归侨。这位老人是台山银行的黄金交易师，辨别力、记忆力特别好，他对村里的情况以及其父亲讲过的事情记得清清楚楚。没有他，谁也不可能知道这么多。

显然，这是一份极有价值的调查表格。村人最早去古巴谋生的时间，大约是在1880年，但早期四五十年的情况，记忆已经模糊，有待进一步考证。焕叔说，全村去过古巴的，除了表格内列出的88人，还有几个有待落实，一共90多人应该是有的。我希望他继续努力，再深入访问侨属，找找更早年的族谱，看看有没有记载。我们研究历史，包括华侨史，是必须言之有据的。

村民李燕琼是已故古巴侨界名人李生的侄女，看上去60岁左右，

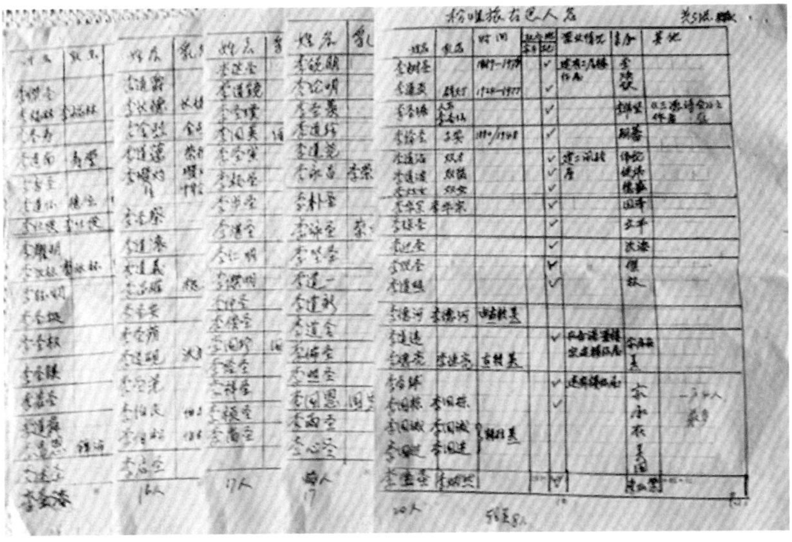

>> 焕叔制作的松咀村旅古华侨调查表（共五页） 黄卓才 摄

>> 周卓明（右）和李燕琼（左）合影 黄卓才 摄

很有活力。她今天出来迎客，特别开心，穿得漂漂亮亮的。她告诉周卓明，阿叔在家乡用的名字是“赞灼”，在古巴做过洪门副主席，就是你现在的职位，曾经两次被邀请回国参加北京的国庆观礼，并回来家乡探亲。周卓明说：“我认识，我认识，你阿叔在古巴的名字是李生，后来他还做过古巴中华总会馆、洪门民治党和李陇西堂三个华侨社团的主席，是我的老同事和老领导。”得知阿叔是这样一位“大侨领”，李燕琼满脸自豪。她热情地带我们到家里去，给我们斟茶，然后指着一个房间说：“这就是阿叔出生的地方。”当谈起李生先生还有一子一女在哈瓦那时，我鼓励她趁早去古巴探亲。李燕琼笑着说：“好想去啊，但……”我明白，万里之遥，对于普通农家来说，路费等问题还有难言之隐。

村民们热情地给我们讲述村子的历史，讲述家人去古巴谋生的故事。对着记者的摄像机和我们的几台摄影机、手机，他们都很兴奋，纷纷争着和我们合影。

在焕叔的带领下，我们来到昌和村，这是一个只有18户人家的小村子。村民介绍说，这个村子的人家都是从松咀分支出来的。90年前，松咀的村地都建满了房子，没有办法再建新屋了，只好向外发展。其实两个村是相连的，实质上是一个村。他们说，昌和村家家户户都有人去过古巴。由此可见，当年的古巴侨属生活不错。

我们参观了村子的祠堂。祠堂原来用作“书馆”，有学生在上课。现在提倡集中办学，这里变成了村民的文化活动中心。门前的对联“侨胞热心建书馆，村民团结尽峥嵘”朴素地表达了华侨侨眷爱乡重教的心意。

榕树下的花基上，坐着一位饱经风霜的老人，正在全神贯注听记者采访。我和太太前去一问，原来是一位 96 岁的抗战老兵。他曾经参加过在韶关等地打日本鬼子的战斗，政府每月发给他 500 元的养老慰问金。谈到国家正在纪念世界反法西斯战争胜利 70 周年，9 月 3 日日本投降日在天安门广场举行大阅兵，还会发给他一次性补贴 5 000 元，老人露出欣慰的神情。是的，台山华侨（包括台山的旅古华侨）和侨属在抗日战争中做出了重大贡献，他们的英雄事迹正在传扬。现时，全市的抗战老兵只剩下 21 名了，年纪最大的已过百岁，其中不少是侨属，他们是全民族的宝贵财富。

>> 96 岁的古巴侨属抗战老兵话说当年
台山电视台　摄

事后，我问这位抗战老兵的名字，他是不是古巴侨属。焕叔说，他叫李德良，是古巴侨属；父亲叫李道深，是旅居哈瓦那的华侨。我翻阅调查表，上面没有他们父子的名字。焕叔这就是调查表的遗漏之一。

访问过程有个小插曲：一位村民说对面毓英学校大楼上有个大钟，是古巴华侨带回来的，关于这个大钟还有一段故事。我们兴致勃勃地赶去参观，记者也据此做了报道。但后来弄清楚了，这不是古巴钟，而且不属于松咀村。电视台只好做了更正。不过，这个插曲倒是引起了村民的注意，作为最牛的古巴华侨村，除了目前已发现的少量家书、金山箱和田契外，还能找到一些什么有关的文物吗？——侨乡的文物保护意识仍需提高。

著者附记：第二天（2015 年 8 月 5 日）台山市政府网就在《走遍台山》栏目中刊登了两位随行记者的报道：

最牛的“古巴村”

在三合镇有一条村，早在清朝末期就有村民远走古巴谋生，至今已经有 120 多年的历史，村子里每家每户都有古巴华侨。

三合镇的松咀村，早在 19 世纪 80 年代，村里就有人远走古巴。

>> 侨胞捐建的书馆 台山电视台 摄

最初村里有两个年轻人漂洋过海去到古巴，他们在古巴发现当地经济比较繁荣，所以又叫上叔伯兄弟一起出去，后来村里的一些年轻人也跟随他们到古巴谋生，于是去古巴的人就越来越多了。现时仍登记本村户口的人口有300多人，共80多户，每家每户都有古巴华侨，全村共有90多个古巴华侨。

在异国他乡的松咀人，团结合作，相互扶持，勤俭节约，通过自己的努力，把积攒下来的积蓄寄给家乡的亲人买田盖房，在抗战胜利后的1947—1948年还一度在松咀村掀起盖房热潮。

这个典型的侨村吸引了暨南大学华侨华人研究院研究员黄卓才前来调研，他说，得知这个村子的时候很高兴，因为广州的古巴总领事很想找一个这样的村子去看看，但是一直没找到。这次是他第二次来到该村调研了，据他所知，松咀村可能是台山甚至是全国最大的“古巴村”。

>> 侨属村民热情迎客 台山电视台 摄

一同前来的古巴华侨、古巴洪门民治党总部副主席周卓明先生说，来到这里参观感觉很好，现时古巴有很多华裔想寻根问祖，但苦于没有家乡亲人的联系方式。他希望通过古巴华裔和家乡侨属提供的姓名、籍贯、什么时候到古巴、什么时候在古巴出生等资料，帮助双方找到亲人，让他们能够联系上，甚至团圆。

（通讯员：黄煜青 雷卓欢）

老归侨的古巴回望

——珠海走访黄惠明

听说珠海市斗门区斗门镇大濠冲村有个古巴老归侨，叫黄惠明。他说村里曾有古巴华侨600人，本身也有故事，引起我极大的兴趣。

时值盛夏，正在斗门乾雾家乡探亲的古巴著名侨领和他的侄子俊达领带我前去探访。周卓明与黄惠明在哈瓦那已是几十年的老相识。

车行十多千米，进入曲巷，到达黄家。黄惠明的侄妇和她的女儿热情接待我们，一边斟茶，一边赶快打电话叫正在与邻居打麻将的阿叔回家。

初见面，86岁老归侨给我的第一印象是身体结实，走路稳当，头脑清醒，但重度耳聋，跟他说话很吃力。

黄惠明在新世纪多次回乡探亲。最近一次，是2008年11月2日。他一生未娶，孤老无依，照顾他的是大濠冲村侄子黄俊杰一家。以前在古巴，家乡困难的时候，他年年寄钱回来。现在家乡生活好了，让阿叔回来安度晚年，共度天伦，是顺理成章的事。

>> 黄惠明（左）与周卓明相聚斗门（2015） 黄卓才 摄

我问黄惠明的第一个问题：大濠冲有多少古巴华侨？我想证实一下他是不是说过600人。此前我到台山市三合镇松咀村调查，该村历史上有过88位古巴华侨，被我称为“最牛的古巴华侨村”，台山电视台和政府网已经报道出去。倘若大濠冲有600古巴华侨，我的调查结论就要

>>黄惠明珍藏的1949年赴古巴的中华民国护照　黄卓才　摄

改写，“最大古巴村”的称号应该属于大濠冲村。

我和周卓明反复贴着老归侨耳背询问，黄惠明的回答都是一样：600，与此前我听说的丝毫无差。

600，一个好大的数字。但这个村子3 000人口，古巴华侨占20%，是有可能的。台山的松咀村400人，古巴华侨88人，比例是22%，还多两个百分点呢。

但松咀村是经过细致深入调查的。村人根据族谱和父老的回忆，逐户点数，列表登记，有根有据，材料十分可靠。大濠冲村能拿出确凿证据来吗？我期待于进一步的调查。

黄惠明生于1932年，18岁那年，即1949年，去古巴谋生。当年交通不发达，他是怎样去的，经过些什么地方，行程耗时多少天，船票多少钱……这是许多侨史研究者和古巴侨属想知道的。我研究古巴华侨十年了，但也至今未能弄清。意外的惊喜，老人给我提供了详细的解答：他1949年5月5日在家乡出门，先到香港。从香港上船，行船两三天到小吕宋（菲律宾）；再四五天，到日本；然后五六天，到檀香山。下一个大站，叫作花旗大埠（又叫金山大埠或金山正埠），即三藩市，走了多少天，他已记不清。然后到迈阿密，乘飞机飞往哈瓦那。到达古巴那天，是6月2日。他说，整个旅程27天。船票380美元。

>>黄惠明1998年的洪门民治党党员证　黄卓才　摄

我又问他，古巴好不好？黄惠明的回答是：“以前好，后来不好。”

他回忆，初去的十年，1949—1958年，哈瓦那很繁华。当时工作比较好找，一个月的工钱30~50美元，做一年就可以还清船票钱。唐人有135人种菜，不像现在没青菜吃。洗衣馆350间，用不着自己洗衣服。茶楼林立，广东侨胞可以像在家乡一样天天饮早茶。他和卓明都喜欢看大戏（粤剧），当年大戏院有新大陆、金鹰、太平洋等四间，除了哈瓦那两个粤剧团轮番上演，还有香港来的剧团，娱乐十分丰富。后来不行了，唐人走的走，死的死，唐人街已经没有生气了。

我知道，他说的后来，是指1959年卡斯特罗上台后，华侨华人的店铺和财产被没收。失去谋生手段，年纪较轻的就逃去美国等地，有的在海上偷渡时消失；年纪大跑不动的，留在古巴领每月40元退休金勉强糊口，晚年处境凄凉，哈瓦那华人街一片荒芜。黄惠明把凭本本供应的物资一一念给我听，“大米六斤，鸡肉一磅……”都是少得可怜的数字，日子怎么过的，对于我们这些经历过中国“三年经济困难”的人，是可以想象的。好在他是洪门民治党党员，与党内志同道合的兄弟互相帮助，共渡时艰。斗门原属中山市地头，黄惠明加入了中山自治所，后来还有机会与人合股承包了自治所的餐厅，赚到了一些钱，得以“衣锦还乡”。

“你是不是带回来好多钱？”我说“衣锦还乡”，也不全是玩笑话，因为我听说他几次回国，都带了钱。最后一次，还被古巴海关没收了1 000多美元。是这样吗？

“带什么钱啊！”黄惠明辩驳道，“古巴海关检查甚严，全身上下从头到脚、行李内外笼笼拉拉（缝缝隙隙）都翻个遍，连烟仔（香烟）也要折断，看里面有没有藏银纸。”对于这一点，我是略知一二的。古巴政府没收华人财产历来毫不手软，不但出境查出携款即被没收，在自己的商店里、家里藏点美元也被抄没；人一去世，全部财产就被充公。“当时古巴穷，会生红眼病，发穷恶。”古巴华侨对此积怨颇深。

>> 在大濠涌村横街窄巷，古巴归侨黄惠明乐在其中　黄卓才　摄

古巴华侨大多数人都有“西人”老婆或者女朋友，还有不少人育有混血儿女。实际上，在古巴身材姣好的漂亮女人随处可见，她们

热情大方。而黄惠明为什么终身不婚呢？这虽然是隐私，我们也想“八一八”。他的回答是“难搞”。按他的说法，古巴性比较开放，女人喜欢打扮，爱花钱，不能满足要求就会离婚，或者扔下子女不辞而别。他还说甚至“连你的家具都搬走”。

黄惠明是否也有过浪漫的异国恋，是否也有古巴女人伤过他的心？我们不便再问。

临别，黄惠明突然冒出一句：“古巴说开放，你不要信。”

爱也悠悠，恨也悠悠。爱之越深，恨之越切。我体会他说的“不要信”，是“恨铁不成钢”。他多么希望古巴早日复兴啊！

回望古巴，这位老归侨的人生道路不平坦，吃过的许多苦头难以一一言说，他的心情无疑是十分复杂的。

广东女孩的古巴传奇

“杨素明，你好！终于见到你了……”

2015 年 8 月 2 日上午，我们暨南大学华侨华人研究院的学者专家与回乡探亲的古巴著名侨领周卓明先生举行座谈会。周先生把跟他一起从哈瓦那来的五位旅伴都带来了。其中就有传奇女孩杨素明和她的养母、龙冈公所主席刘淑芳。

早就听说过杨素明的故事，大意是：九岁那年，她和父母、哥哥一起飞到了古巴，准备偷渡巴西。“蛇头”把他们甩掉了。父母和哥哥回国，她却要留下。一个侨领收留了她，卡斯特罗特批了她……

>> 杨素明（右八）一行在暨南大学华侨华人研究院　华院　摄

一个毛丫头，自有主张，语出惊人，意志坚定。她是怎样的一个三头六臂的奇女子？古巴这个神秘国度，几十年没有再接纳过移民了，竟然有一位中国小女孩撞开了它紧闭的大门！一个还没有独立生活能力的广东姑娘，若干年后，居然成了哈瓦那大学的毕业生，居然在哈瓦那新城最好的地段拥有了一座楼宇……是神话呢，还是现实？

太简单的故事梗概吊起了我的胃口。

>>著者与杨素明合影于暨南大学 于2015年华院 摄

去年我到哈瓦那，就很想约见她。无奈她正在上课，只好作罢。

今天，杨素明送上门来了，我要亲耳听听她的陈述。

杨素明，广东江门市新会区人。小小的个子，文质彬彬的样子，与我想象中的女汉子形象完全对不上号。

“好，我来告诉大家。”她十分爽脆，普通话带着点“广味”。

那是2001年，哈瓦那街头一片平静，古巴人外逃的现象虽然还时有发生，但高潮期已经过去。在简陋酒店破旧的床上，父母辗转反侧，怎么也睡不着。少女哪知愁滋味？杨素明全然不晓得父母的担忧。她晚饭虽然没有吃饱，但还是睡得很熟很香。狡猾的“蛇头”（引渡者）利用远在万里之外的中国人信息滞后，怂恿杨素明的父母变卖了全部家当，孤注一掷，跟着他飞到了哈瓦那。

命啊，运啊，上帝能够保佑他们吗？

突然有那么一天，从杂乱的梦境中醒来，一家四口发现自己已经掉落了深渊，“蛇头”失联了。这个坏家伙收了他们几万美元，巧舌如簧，说等他搭好了路数，机会一到，就带他们去巴西。

“蛇头”隐匿得无影无踪，杨素明一家却还在寄予幻想，盼望这个坏蛋良心发现，再来带走他们……

一天，两天，三天……第50天了。素明父母虽然带了钱，但毕竟坐吃山空，眼看荷包一天天瘪下去，谁能不像热镬上的蚂蚁？要知道，哈瓦那的“五星级”酒店对外国人收费一点也不手软，虽然这种国营酒店年久失修，远远达不到国际标准。

古巴物资紧缺，粗茶淡饭难于以下咽；愁云压顶，艰难度日，父母和哥哥都消瘦了许多。只有小素明像个快乐的小鸟，依然活蹦乱跳。她觉得古巴一切都和中国不同，和家乡新会不同。她很喜欢哈瓦那的老建筑、老爷车，长堤外的古堡炮台和惊涛拍岸的港湾，红艳鲜绿的热带花草树木，古巴人的开朗热情；西班牙语也好听，她想学……

在酒店里住了一个星期，他们已经结识了古巴龙冈公所主席赵义老先生。赵义是早年来自广东珠海的移民，太太则是古巴人，都70多岁了，膝下无儿无女。他们很有缘分——赵义1926年5月5日出生，而素明他们一家则在2001年5月5日飞抵古巴，这难道只是巧合吗？素明很喜欢这位和善的伯伯，天天跟他出去逛街游玩……

“听说你们没钱交房租，酒店下了逐客令？”我问。

“不是这样。”杨素明说，“我们租两间房，每天差不多200美元的房费，爸妈还能应付，问题是我和哥哥年纪小，同住在另一间房，父母不放心。那一天，我们挪到一间房四人一起住。这一挪，本应100元的房费变成了140，爸爸不明白，又听不懂服务员解释。服务员就打电话到中国大使馆和华区。”

事情闹大了，素明的父母想，还是早点回国为妙。

素明却不乐意，她说：“我要留下！”

一言既出，父母大吃一惊！

“你要留下？怎么留？你才九岁啊，而且是个女仔。”

赵义非常理解素明的心意，十分欣赏她的勇气。他知道这孩子可不是闹着玩的，她真的喜欢古巴，想在这里多学些东西。他可以照顾她，他们夫妇也需要她照顾。于是，赵义千方百计说服她的父母。

也许新会人都有特殊的语言天赋。历史上，新会就是个大侨乡，数十万华侨分布上百个国家和地区，他们大多数人都能通晓当地的语言。传说被誉为“中国近代思想家、政治家、教育家、史学家、文学家和戊戌变法（百日维新）领袖之一、中国近代维新派代表人物”的梁启超，三天就学会日语，他就是新会人。杨素明也不赖，赵义请了一位老师教她西班牙语，只两个月，她就完成了古巴一年级的语文课程。

不久，她对赵义伯伯说："我要上学。"

要留下来，要读书，享受古巴的免费教育，她需要办个"绿卡"。但是，古巴自从1959年革命胜利后就没有发放过"绿卡"。外国人只有跟古巴人结婚，才能移民。

杨素明是唯一的例外，卡斯特罗为她签发了"绿卡"。

也许是她的善良和天真可爱感动了移民局的官员，他们写了一份报告给卡斯特罗，希望批准她留在这个美好的国家继续学习古巴文化和风俗习惯……

由国家最高领导人特批长期居留，古巴和杨素明同时创造了一个纪录。

她还有"野心"。在中国，出国前她读完了三年级，可现在她不愿顺读四年级。她到教育部去参加考试，结果被获准破格升五年级。教育部官员拥抱她，恭喜她；素明呢，她觉得特别开心。

"你要加入古巴国籍吗？"我问。她的回答又令我感到意外。她说不会放弃中国国籍。

我想起了我的父亲，侨居古巴50年，直至在那儿去世，始终没有加入古巴籍。这是一种怎样的"兼爱"情怀，没有亲历其境的人，很难体味。

>> 杨素明和她的养母刘淑芳 2015 杨素明 赠

杨素明顺利完成了小学、初中的学业。有赵义夫妇照顾，她可以定下心来，继续升学了吧。可不，初中毕业的那个暑假，正当她跟同学们玩得疯疯癫癫的时候，忽然觉得自己想说的一句中国话说不出来了。"糟糕，连中文也忘记了！不行，我要回中国读高中。"

这个传奇女孩又做出了一个出人意料的决定。在后来的通信中她跟我说："这是我人生中一个最好的决定。不然，我今天就不会说写中文了。"

好在父母回国后重新创业。他们在家乡养鱼，凭着勤劳和智慧，赚到了钱。女儿回来读书，一切费用没有问题。此时的他们，也许会后悔当年的幼稚和莽撞。世界上到处都有闪光的金子，在中国，不是同样可以劳动致富吗？

素明告诉我，拿到绿卡、回国读书这个举动还有一层意义——她要告诉乡亲，我的爸妈十分疼爱女儿的。此前村民传言，杨素明父母没钱买机票回国，把女儿卖掉了。太深的误解伤透了她父母的心。

学好中文，也是赵义伯伯的吩咐和嘱托。不幸的是，她在新会进了高中不久，赵义夫妇就在哈瓦那去世了。“他们照顾了我五年，我永远不会忘记。”杨素明深情地说。

赵义过世后，她怎么办？这个妹子总是好运连连。又有人挺身而出，愿做素明的养母了。她就是继任龙冈公所主席的女侨领刘淑芳。刘淑芳是在哈瓦那出生的华裔，曾留学法国，懂几国外语。她祖籍新会沙堆镇，能讲新会话。一个孤独老人，除了热心侨团工作，她还需要与素明互相取暖。

最感欣慰的是素明的父母。广东有句俗话：错有错着（合算）。他们没有想到，正是那一次的错误，培养出一个果敢有为的女儿。五年前，哈瓦那大学招生，1 500 多人报考会计系，只录取 50 名，杨素明却成了 50 个幸运儿中的一个。五年后，女儿成了哈瓦那大学的会计系荣获金奖的本科毕业生，她还一边读书一边在哈瓦那大学孔子学院兼职做财务工作。女儿长大了，爸妈无须牵肠挂肚了！

这一次，和周卓明伯伯一行回来过暑假，她跟几位哈瓦拉大学同学有一个周游中国的计划。广州、珠海、阳春、江门（开平、台山）、苏州、湖州、上海、北京、香港……好好玩个够，回去就要继续攻读硕士了。

因为素明还是中国国籍，读硕士每年学费 2 250 红比索（1 美元 =0.87 红比索）。素明的父母说，没有问题，她能读到博士，我们也支持。

钱，的确不是一个问题。勤奋聪明的女儿会为父母省钱。素明

>> 杨素明喜获哈瓦那大学毕业生金奖 杨素明 赠

因为获得“金奖”奖学金，硕士学费减收一半，只需 1 125 红比索。况且，她是个有经济头脑有长远眼光的女孩，具有自强自立的能力。几年前，她和养母看准哈瓦那房价低迷，趁着房市刚刚“解冻”准许交易，各买了一栋旧楼。她们以 2 万多美元在滨海大道 25 街（美国大使馆附近）买下的一栋，在星条旗重新飘扬在哈瓦那的当下，楼价已经飞升到 10 万多美元。

留在古巴，她肯定不光是为了赚钱。

我问她：“你的理想是什么？”杨素明笑而不答。

是的，她还很年轻。

千里走单骑 泪洒古巴岛

在我们的微信“中国—古巴联谊群”里，有一个网名叫作“千里走单骑”的群友。知情者都知道，他的真姓大名叫作陈健洪。他是致公党广州市联络委副主任，番禺区第三支部主委，一位年轻的商业成功人士。

“千里走单骑”典故出自三国演义，主角是关羽，他身在曹营心在汉。当他得知刘备在袁绍处，便脱离曹操，过五关斩六将，千里走单骑，去投奔刘备。

>> 陈健洪千里单骑走古巴

>> 在哈瓦那机场

陈健洪以“千里走单骑”为网名，也许取其两层意思，一是学习关公爱国忠君（忠于组织）的精神，二是为了征集华侨历史文化展览品，在遥远的古巴跑了四五千里路程，洒了许多眼泪，还“减肥”十多斤。但他终于克服了重重困难，圆满完成了任务……

>> 舍咕市 陈建洪 摄

>> 陈健洪与舅父陈细九（右四）等合影于舍咕

事情缘起于2012年。致公党广州市委会在市两会期间，递交了建设广州华侨博物馆的提案，得到市长陈建华的高度重视并作出批示，把兴办“广州华侨博物馆”列为广州市政府打造高水平特色文化设施、提升城市文化影响力的重点工程，市侨办亦把它作为当年的一号工程。馆址很快选定，它就是五仙门发电厂旧址，广泛征集华侨文博展品的决定也随之出台。作为提案人的致公党广州市委为了大力支持、协助市政府的工作，迅即派出年轻力壮又热心此项工作的党员执行征集任务，陈健洪被指派前往古巴。

陈健洪是古巴侨属，此前已经去过一次古巴，那是去探亲的。他的舅父陈细九在古巴舍咕省（Ciego de vila 谢戈德阿维拉省）担任洪门民治党主席，办有“古中友好农场”，是古巴著名侨领。近几年，每年都率团回国访问。凭着这层关系，陈健洪在古巴华侨、侨属中建立了一定人脉。同时他对古巴华侨的辉煌历史和深重苦难也有较多的了解，觉得世界华侨史绝对不能缺少古巴这一块。而偏偏到目前为止，古巴华侨的历史，尤其是近代史、现代史，还没有得到充分的反映和记载。作为侨属，他深感自己应该负起责任，通过征集展品和调查研究，弘扬古巴华侨的革命精神，宣传他们艰苦奋斗的业绩，为古巴华侨史填空补缺。强烈的使命感让他庄严地领受了任务，满怀信心踏上征途。

经过万里飞行，又乘车颠簸460千米，陈健洪第一站抵达了位于古巴中部的舍咕市（谢戈德阿维拉市，舍咕省会）舅父家。时差和劳累未过，他就投入工作，在附近挨家挨户访问华侨华人华裔，动员他们捐赠展品。谁知，满怀热情的他竟碰了一鼻子灰。华侨都不愿意捐赠。这是怎么回事呢？陈健洪百思不得其解，那一夜，他失眠了……

第二天，陈健洪硬着头皮再次上门访问。经过深入谈心才知道，早前有个商人也来自广东，自称洪门同志，手持盖着大红印的介绍信，打着为广东华侨博物馆征集文物的招牌，骗走了华侨的许多东西。而到手之后，他竟据为己有。有的东西（如家传古老花瓶）华侨本不肯捐，却被连哄带抢拿走了。有一本洪门党员名册，以前是绝密文件，也落入了他的私囊。对于这种令人不齿的行为，华侨当然很气愤。这就给后来的征集工作造成很大的阻力。除这个原因外，还有些觉得家里那些破烂不能成为博物馆的展品，不好意思拿出来。

找到了问题的症结，陈健洪就知道怎样对症下药了。首先他觉得要提高公信度。除了向被访华侨出示致公党的党员证和介绍信，更重要的是借助于舅父陈细九的威信。他侨居古巴数十载，担任舍咕洪门民治党主席 20 多年，广结人缘，不只在本省，与古巴全国各地的洪门人士都有深交，老侨没有几个不认识他的。他出面说说，就是最有力的号角、通行证和保证书。同时，陈健洪注意把工作做细，一方面耐心宣讲征集展品办好广州华侨博物馆的意义，另一方面除了发给证书外，对于重要物品的捐赠者还要给予适当的物质回礼。他告诉侨胞，文博展品不是专指那些值钱的珍宝，一封家书、一件旧衣服，甚至一针一线，只要能反映华侨的生活和历史，都可能成为展品……

>> 给老华侨发捐赠证书

榜样的力量是无穷的，陈健洪向舍咕洪门的委员们做了充分的解释说明后，大家取得共识，决定大力支持征集工作，陈细九首先做出表率。他捐出自己 20 世纪 40 年代在广东的家庭照、在古巴的结婚照、汇款单、信件等珍藏。其中有一张照片特别珍贵，1955 年，侨居地举

>> 在云丹洪门分部收获甚丰

行盛大的花车巡游，一台华侨的花车的主题，竟然是“中国梦”。接着，陈细九主席指令打开舍咕分部所有的办公室和仓库，任由陈健洪挑选。健雄挑选了以前舍咕民治党的挂旗、手抄本入党誓词、1914年的电吊扇、抗日战争时期的《绘图新儿女英雄传》等110多件。华侨的慷慨捐赠令他深受感动，他情不自禁地流下了热泪。

在散宴尼都（Sancti Spiritus 圣斯皮里图斯省）福门托市（Fomento），陈健洪拜访了老华侨关校元先生。关校元是佛山市南海区九江镇人，1955年21岁时移民古巴。他当时看到了一个比中国富裕、发达得多的地方，非常高兴。岂料四年后一场革命，打破了他的发财梦。须知道，他是多么艰难才来到古巴啊！他还记得家人怎样卖猪卖鸡卖番薯冬瓜、东借西借筹钱给他买出洋纸（移民护照），买船票、机票，坐船到香港，检查身体，打防疫针，折腾了十几天才拿到出境纸，登上去古巴的飞机。他多么希望早日回到家乡与亲人团聚，但低微的收入只能糊口，怎么能回去？关校元拿出一个破旧的藤夹，打开，一套在香港穿过的中山装叠得整整齐齐。一瓶“朱中兴”牌普济水，是为路上治肚疼、拉肚子而准备的。还有“菲律宾航空公司华务部主任卢华棣”的名片。关校元保留着这些东西，是要留着中国的根，留着乡愁。而卢先生的那张名片，一来可以纪念在香港结下的友谊，二来也许以后回乡联系买机票时还会用得着的……遗憾的是一年、地年、十年、二十年……如今过去60年了，他已经是一个年近80的老人了，回乡的梦还得继续做。他把这些东西交给陈健洪那一刻，禁不住流出了老泪。而健洪呢，也深感有不能承受之重。160多年的历史上，二三十万华侨远赴古巴谋生，绝大多数葬身岛国了，能够如愿回乡终老的人又有多少！他想起哈瓦那“中华义山”里那些从未有人拜祭的坟茔，那些各省各埠公墓以外被弃之郊野的白骨，想起许多古巴侨胞晚年穷愁潦倒的遭遇，他心里一酸，眼泪也夺眶而出……

在洪门民治党云丹（Guantánamo 关塔那摩省）分部，陈健洪的热泪再次潸潸而流。分部主席张仲喜（音）热情地接待他，告诉他：

你来晚一步了，分部会馆多年前关闭，重新装修时把许多旧物清理掉了，那些东西好多应是可作展品的文物……陈健洪听着，心如刀割！

那天正遇云丹分部换届选举，陈健洪准备抓紧这个大好时机宣传发动。其时正值盛夏，分部屋内闷热难耐。原来，经过装修后尚未安装通风降温设备。陈健洪灵机一动，立即自掏腰包，捐款购买三台吊扇，并协助即时安装好。这个行动感动了大家，会后，主席和委员立即打开所有的办公室让他参观。满眼都是宝贝，陈健洪目不暇接。挑选了一批之后，他发现其中有个木柜，里面有大量旧文件、书信、中国公证处开出的证明、古旧书籍、剪报、印章，还有紫砂茶壶等日用品。细看几件证明、书信、剪报的内容，陈健洪惊呆了，这些文件书信和剪报中非常具体细致地记录了华侨的生活和人生，将可为古巴华侨研究提供许多鲜活的材料，他小心翼翼地一一收好。

粗粗点数一下，云丹分部此次捐出的展品 2 000 多件。其中有一台 20 世纪 30 年代的英文打字机，现时还在使用。数十年来，分部的大量文件就是用这台机器打印出来。陈健洪深知它的分量和价值。他觉得以新换旧的办法较为妥当。他的想法得到致公党广州市委的支持，党员吴君如捐赠了一台电脑、一台打印机，换来了这台有 80 多年历史的英文打字机。

在哈瓦那，社会主义同盟总部图书馆，陈健洪看中了一大沓旧报纸，一个月一个月装订得整整齐齐——那是已经停刊的古巴《光华报》啊！因为在古巴、在中国能完整保留下来的很少，所以十分

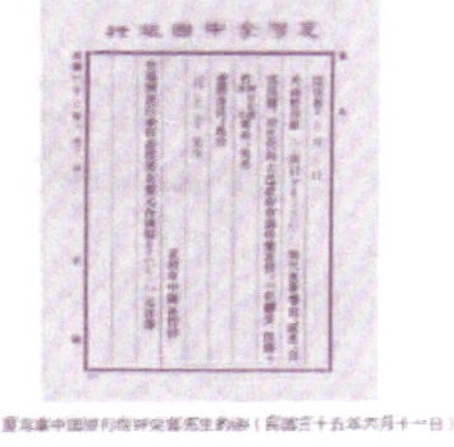

英文打字机（20世纪30年代）

>> 征集到的部分华侨历史文化展品

难得。陈健洪请求捐赠，沈主席却不肯答应。沈主席是土生华裔，不懂中文，但她十分珍视这份《光华报》。后来健洪还是请舅父出面，以老朋友的感情打动了沈主席，才答应捐出一叠（一个月的）。

陈健洪后来告诉我，在古巴一个月，几乎天天都哭过——为华侨对致公党的工作和广州华侨博物馆筹建工作的热情支持，为老华侨身处逆境而不改爱国爱乡之情，为华人华裔对文物的爱惜……他从哈瓦那到舍咕省，到云丹，回来2 400千米以上。折合华里，则有5 000里之多。每到一处，每一次捐赠，无不让他动容。“千里走单骑，泪洒古巴岛”，用来描述陈健洪的征集之旅，一点也不夸张。他还悄悄告诉我，这次征集之旅，之所以掉了十斤肉，是因为带去千美元，不够开支，只好省吃俭用。20红比索一份的西餐吃不起，旅馆业将就着住民居，旅途上一直与古巴人同坐巴士、老爷火车。缺水，缺蔬菜水果，老觉得饿……

致公党广州市委一本书《记住乡愁》的画册，记载了陈健洪的古巴之旅，让辛苦征集来的部分展品与读者见了面。但后面，还有整理、研究的细致工作等待着他和他的同志，以及文博专家去做。

健洪，继续努力啊！

得来还要费工夫

——为古巴华裔寻根小记

“踏破铁鞋无觅处，得来全不费工夫。” 这两句古诗早已成为家喻户晓的成语。

时在当下，我们下乡寻访古巴侨属，当然无须套着“铁蹄”的马匹了。在曲折狭窄的乡间道路上，自驾车一个小时也可以跑上几十千米。但由于人名、地址、年份等资料不详，乡间小路又未录入导航仪，让我们常有“踏破铁鞋无觅处”的困惑。其过程，往往多费周折，并没有“得来全不费工夫”那么好运。

>> 周卓明一行来到九江镇河清村委会请求协助查访古巴侨属　黄卓才　摄

这一次，是与古巴著名侨领周卓明先生和他的侄子俊达同去的。同行者还有我的太太和俊达的好友梁伟权老师。目的地：佛山市南海区九江镇。

盛夏时节，酷热难耐，好在我们去的是水乡，车上还有空调。

周卓明先生是古巴中华总会馆的西文书记、洪门民治党副主席，一位为古巴侨社服务了近50年的著名侨领。他在哈瓦那出生，西班牙文不在话下，中文也相当精通，能说普通话、广州话。以前被称为“小国语”的台山话，他也能听能说，是古巴侨界不可多得的人才。在这之前，他虽然已经回中国九次，都是应侨办和洪门、致公党邀请，或作为中国海外联谊会的委员，单独或率团回来的，每一次总是行色匆匆。像本次这样，由侄子阿达出资，让他回乡探亲、优哉游哉地赏美景、尝美食，寻亲访友，好好休息一个月，还是头一遭。但周先生是侨界名人，又生性乐于助人，回乡探亲的消息一下子就传遍了哈瓦那华人街乃至外省侨界。临行前，一只只“鸡仔”（委托者）就找上门来了。他爽快地接受了好几位土生华裔的重托，要为他们在广东各地寻宗问祖，寻找失联几十年甚至上百年的亲人。其中包括现任中华总会馆主席崔广昌将军的中国亲属。而他的侄子俊达，也是个热心人。在叔叔回来之前，他已跟梁老师一起，按照古巴中华总会馆提供的资料，走访了恩平、鹤山等地。虽然曾经被人误以为骗子，吃了不少苦头，但他仍然乐此不疲，坚持不懈。于是，叔侄俩一拍即合，搭上时间、金钱，开始了艰难的寻访之旅。像阿达和梁老师这样的年轻人，无疑是侨务战线上难得的生力军。

我们去九江，是协助古巴中华总会馆实施寻访计划中的一项。目标是要为古巴土生华裔、现任哈瓦那一家电话公司律师、古巴中

>> 九江龙舟比赛盛况 当地摄影作品

华总会馆监察长吴爱华女士寻找她的姑妈吴柳琼的后人。会馆提供的资料是：吴爱华父亲吴泗初，1901 年生，约于 1949 年去古巴。吴爱华生母为古巴人。吴泗初在家乡曾有两个老婆，各生下两个子女。吴泗初的妹妹叫吴柳琼，住南海九江河清四村。吴泗初曾经给这个妹妹寄过钱。

这样的资料算是详细的，它为我们的寻访提供了多少方便。不像另外一些委托者，没有具体地址，甚至连自己父亲的中文名字也不知道。

佛山市南海区是“广东四小虎”之一，同时也是千年文化名城。自古经济发达，商贸繁荣，文教鼎盛。2014 年，南海在全国百强区中位列第二。九江镇是珠江三角洲的典型水乡，也是南海著名的侨乡。全镇有港澳台同胞、海外侨胞十五六万人，比在家人口还多出五六万人，足迹遍布世界 60 多个国家和地区。九江的龙舟文化名扬天下，九江龙舟队曾代表中国出战亚运。九江双蒸酒、九江煎堆也是海内外闻名的特产。

>> 在九江镇河清四村访问潘区长和一位 95 岁的长者　黄卓才　摄

河清四村坐落西江北岸。我们的自驾车从广珠高速九江出口下来，沿着高高的、狭窄的河堤公路，向密集的村落行驶。所到之处河汊纵横，花红果绿，青砖大屋的古老侨房和别墅式的新农村建筑鳞次栉比，错落有致，一派鱼米之乡的富裕景象。

几经问路，终于找到了河清四村。这是一座典型的南粤水乡古村落，处处焕发着勃勃生机。下午 3 点多钟，我们到了一个村民休憩的小广场，把车子停下，我们就向在大榕树下纳凉的乡亲询问。大叔大嫂们的第一个反应，就是立即招来见多识广的老人——长老的记忆就是村中活的信息库。电话打通，不几分钟，摩托车载来一位 90 多岁的长者，驾摩托的则是姓潘的区长，看上去五六十岁的样子。两位长者听取我们提供的线索，与在场乡亲一合计，即做出判断——在相邻的南水村，可能找到吴柳琼的下落。

潘区长一看就是个精明人，身体又很健壮硬朗。他说自己 69 岁了，还在办厂。

“走！我带你们去南水村。”

“远吗？”

“不远，几分钟就到。”区长洪亮爽朗的回答，令我们满怀信心。

区长的摩托在前面开路，我们的汽车在后面紧跟。通过绿树成荫的“四村大道”，经过厂房林立的工业开发区，上了高速公路，在立交桥下兜兜转转，足足花了 20 多分钟。潘区长说的几分钟，也许是以前的经验。

>> 周卓明先生（左三）寻到线索多高兴啊 黄卓才 摄

现在农村城镇化了，道路也改了很多。如果不是潘区长带领，我们自己恐怕半天也摸不着北。

来到南水村，在古榕遮阴的河涌边截住村民询问，首先证实吴泗初、吴柳琼确有其人，围上来的村民虽然多是中年人，但也听说过以前村里有个吴泗初，他娶了两个老婆，有四个子女也是事实。我们听了，不禁大喜过望。

天公也为我们高兴，下起雨来帮忙解暑。乡亲们十分热情，招呼我们进入祠堂避雨休息。吴家祠堂正在大手笔维修，从祠堂屋顶的佛山灰雕装饰和精细的泥水工艺，即可窥见该村的财力非同一般。而村民自豪地向我们介绍祠堂的历史和文物，又可看出他们的文化修养和团结一心，怪不得这儿被称为“儒乡”了。闻讯前来的村民越来越多，祠堂工地成了我们寻宗问祖的会场。一个个知情人被电召冒雨而来，有关的信息不断叠加，线索渐渐明朗，雨也越下越大，好像为我们庆贺似的。等到一个村干部模样的中年男子出现，村民们一锤定音：他就是吴柳琼同房亲人，他就是吴泗初的知情人——吴谦华！

告别乡亲，我们到达寻宗问祖的下一站时，台山城里已经万家灯火了。吃过当地著名的美食黄鳝饭，就接到南水村吴谦华打来的电话：“吴柳琼的踪迹找到了！吴泗初的确给吴柳琼寄过钱，两三百美元。”

过了几天，吴谦华又有电话告知，吴柳琼的孙子潘进国在河清四村。

又过了几天，吴谦华拿来一个以前用来寄往哈瓦那的国际航空邮简和他写的一封短信，托周卓明先生带回古巴交给吴爱华。信中写道：

>> 吴家珍存了几十年的信封　吴谦华　供

吴爱华女士：

以上回邮地址是吴俊（进）初在古巴的地址。据上一辈老人讲，当时我族人初字辈有好多兄弟古巴谋生，其中吴俊初在书信中提到有吴隆初。另外吴泗初胞妹吴柳琼嫁河清四村，已故，其后人与我族人有联系。

欣逢盛世，今祠堂修缮如新，重现昔日辉煌，期望海外兄弟姐妹回乡寻根问祖。

此致

身体健康，家庭幸福！

吴氏宗亲理事会

吴谦华　敬上

2015 年 8 月 10 日

这样，本次的寻根之旅就画上了圆满的句号。

“踏破铁鞋有觅处，得来还要费功夫。”功夫是花了，但能为中国和古巴的亲人牵线搭桥，为中古两国民间交流出力，很值得！

后续的故事一定会更精彩。

古巴家书与广府侨乡

——献给黄宝世先生家书的海外读者

著者按：美国布朗大学拉美族裔研究中心主任、著名古巴研究专家胡其瑜教授将我《鸿雁飞越加勒比——古巴华侨家书纪事》一书中的黄宝世家信翻译成英文；古巴、西班牙海归张天慈小姐也把此书译成西班牙文。为了让海外读者更好地了解这些家书的背景，我写了这篇文章。希望对不太熟悉广东侨乡的读者有所帮助。

>>《鸿雁飞越加勒比——古巴华侨家书纪事》中文版的封面和封底，这本书的前一版是《古巴华侨家书故事》

我珍藏并收入《鸿雁飞越加勒比——古巴华侨家书纪事》一书的先父黄宝世（Huang Baoshi）先生1952—1974年间的40多封家书，全部由古巴比亚克拉拉省（Le provincial de Yilla Clara）大萨瓜市（Sagua la Grande）寄出，目的地有台山、广州、中山三个。这三个地方都在广东省南部，这里属于广府地区，是中国最大的华侨之乡。为了让读者（尤其是海外的读者）了解黄宝世家书的背景，我简略介绍有关情况。

台 山

台山市是中国广东省江门市的一个县级市，位于珠江三角洲西南部，南临南海。台山是“中国第一侨乡”，也是古巴华侨最多的侨乡。

>> 胡其瑜教授（左）和张天慈小姐正在翻译黄宝世家书

黄宝世1898年出生于广东省新宁县（后改名台山县）五十区永隆村。现在属于台山市四九镇上朗乡。

永隆村村民全部姓黄。据族谱记载，公元7世纪中期，我们的黄氏祖先从中原南迁，首先聚居长江边的“江夏”（今湖北省武汉新洲区西）。然后分支到福建泉州等地，再经江西到达广东。所以，宗族组织叫“黄江夏堂”。“黄江夏堂”19世纪中期已经发展到古巴，我父亲的信中多次提到哈瓦那黄江夏堂拜访同宗兄弟。

>> 永隆村 黄卓才 摄

我们永隆村是个侨村，十多户人家中大多是跨国家庭。出国的华侨分布在美国、加拿大、古巴和菲律宾等。村民之所以要出国谋生，主要是因为田地太少，收成填不饱肚子，生存环境太差；当然也有追求美好生活的，我父亲就是其中之一。

我爷爷黄超庭是个教馆先生，除了在本村的书馆教学之外，还到邻村私塾走教。在村中，他算是个知识分子，有学识有文化，颇受人尊重。但教馆先生薪酬微薄，生活相当艰苦。我父亲在兄弟姐妹中排行第二，下面还有三个弟妹要靠他扶助。所以，他只读了三年书，十五六岁就要挑着杂货担子，穿村过乡，赚钱帮补家用了。

离村子一千米，有个墟镇，叫作“五十墟”。这个墟镇逢五逢十为集市日期，故此得名。18 岁那年，父亲已经出落得一表人才，这个小“货郎”被墟上一家药材铺老板相中，招去做伙计。白天，他捡药、晒药、捣药、煎药、送药，勤手勤脚；夜晚，店门上留一个活动小窗口，他睡在窗下等人来买药，一叫即醒。他待人诚恳，服务周到，头脑灵活，深得顾客称赞；他勤读医书，捡药时细心认字，记账时用心练毛笔字，很快熟识了业务，还写得一手好字。20 岁出头，就当上了掌柜（经理）。

>> 五十墟河南街 黄卓才 摄

1923 年，他结了婚。新娘是附近盘龙村（土名炒米沙 Caomisha）美国华侨伍于炳的女儿，名美凤（后别名金凤），她就是我的母亲。按照本乡老例，男子“上头”（结婚仪式之一）时，要起一个排辈分的“字”，并用红纸书写，放到屋梁上去。我父亲属“世”字辈，他的字是“宝世”。但别人有时会写成“保世”，他也认了，就当作“号”吧[①]。

婚后，祖上传下来的半间旧屋和几分薄田，就是全部家产；父亲打工收入又不足以养家，生计依然困难。1925 年，同村侄子黄舜传从古巴衣锦还乡，约他一起去古巴，父亲心动了。这个事情得到岳父的支持，于是父亲借了一些盘缠，同年赴古巴谋生。

在古巴，他定居大萨瓜。他像许多古巴华侨一样，多添了一个西班牙文名字：Fernando Wong（中译“菲那度·黄”，或“费尔南多·黄”）。

1937 年，黄宝世曾回国探亲。就是这一次，生下了我，并且拆掉祖屋建了一座新房子。结婚、生子、建房，是以前华侨梦寐以求

① 近代之前，中国人除姓、名之外，还有字、号。

>> 黄宝世家书（右边的中式封及它叠着的信，写于1952年4月）

的三件大事，他都完成了。可惜的是，这是他在旅居古巴50年（1925—1975）中唯一一次回国探亲，以后就没有再回来过。夫妻之间、父子之间的联系，全靠书信。正因此，这些家书是我们的传家宝[①]。

我在家乡居住到15岁，在台山读完初中，转到广州升学。这15年里，台山侨乡经历了非常痛苦的“日本仔沦陷”、侨汇中断，以及饿殍遍野的大饥荒。我和母亲总算九死一生地活过来了。父亲是个非常顾家的人，1945年抗日战争胜利后，我和母亲收到过父亲不少信，我还记得当年在煤油灯下展读的情景。但由于年幼无知和迁居广州等原因，我未能把父亲这个时期的家书保存下来。1952年4月这一封，是我回家乡时偶然发现的。这封信记录了我考上台山第一中学的情况和父亲的教诲。同时它又是一封托“走水客”（职业跨国带钱送信人）由大萨瓜带送的“银信”（带有侨汇的信），是历史上一种侨汇方式的见证，所以特别珍贵，我把原件捐给了北京中国华侨历史博物馆。

现在，在永隆村，我家的房子还保存完好。那是一座两层青砖灰瓦楼房，钢筋水泥加杉木横梁的楼板，坚固的铁闸，南洋红木的窗门，大门门楣上方石刻的“福”字，以及阳台上的浮雕所描绘的西洋街景，无不凸显父亲的创意设计和台山侨村那个年代中西合璧的独特建筑风格。侨房、洋楼（碉楼）、桥圩，是台山侨乡的三件宝。

广　州

广州是广东省省会，中国南方最大、历史最悠久的对外通商口岸，

---

① 2016年4月，著者应中央电视台邀请做了一个《我有传家宝》节目。该节目于5月7日在第一频道首播，平时可回看，或在网上搜索。

世界著名的港口城市之一，是世界著名的历史文化名城。现为中国第三大城市，也是全国华侨最多的大城市。

1955年夏天，我与同学相约，告别家乡台山，到广州投考高中。当时还留下一张照片“到广州去”。我那时才15岁，母亲不放心，她就来广州照顾我，按现在的说法，就是“陪读”。1957年12月那封信，寄到广州市法政路青年里3号，那就是母亲和我租住的地方，当时我已经是广州第十七中学的高中学生了。

>> 现代国际大都市广州风光 百度图片

高中阶段，我一直当班长，又是学校排球队队长，工作能力和身体素质都得到很好的锻炼，与同学、老师亲密相处，建立了深厚的友谊；学习成绩也保持优秀。母亲在身边悉心照顾，还有父亲的家书指导我，使我能开心、健康地成长。

我高中毕业前夕，父亲寄来了一笔较大的侨汇。于是，由母亲经手，连纳税花了2 100元人民币，在广州西关老城区添置了一栋二手房子。这就是龙津西路逢源沙地一巷15号的双层砖木小楼。这座房子是为父亲回来度晚年准备的，可惜他一直未能回来。

1958年夏天，我考入暨南大学中文系。这所刚刚复校的大学校址在广州市石牌。国立暨南大学1906年创办于南京，后迁苏州、上海，抗日战争时期为避战祸临迁福建省建阳县（今建阳市），是一所有光荣历史的名校，被誉为中国华侨最高学府。

在暨南大学，我经历了“三年经济困难”（1959—1961），那是中国全国性大饥荒时期，老百姓吃不饱、穿不暖，很多人饿死，好在大学生得到呵护。特别是我们这间华侨学校，领导想方设法弄

>> 暨南大学图书馆

来粮、油、糖、肉等物资改善伙食，增加营养。我是学校排球代表队的运动员，粮食指标高达 16.5 公斤（一般同学是 13 公斤）。再加上父亲的侨汇，按政府的优惠政策，凭配发“外汇券”和“侨汇证”，可以到“华侨商品供应商店”购买生活必需品。此时，许多同学因缺乏营养病倒了，水肿、肝炎、肺结核成了多发症。我们班 1/3 同学退学了，而我却能以健康的身体，精力充沛地完成五年的学业，原因是多方面的。其中，父亲的侨汇支持是一个重要因素。

广州是一个有悠久历史文化的大都会，是一个增长知识、历练人生的大课堂，也是一个宜居的风水宝地。我有机会在这座美丽城市度过高中、大学八年的青春时光，是非常幸运的事。

父亲在他的信中说过，他没有到过广州，很希望有机会到广州看看。可惜的是，他没有等到这个机会。

父亲出国时不经过广州吗？是的，他不需要经过。因为，他 1925 年第一次出国时，已经有新宁铁路了，永隆村边就有个“五十火车站”。1939 年年初第二次去古巴时，这条铁路和这个车站依然存在（1940 年被破坏）。由五十火车站到江门北街总站，只有 80 千米路程，十分方便。而由江门即可乘油轮去香港。

黄宝世家书在广州还有一个收信地址：立新北路立新 5 巷 9 号（第 19 封）。这是我外家当年的住址。其时正是“文化大革命”中“破四旧、立四新”的时期，我外家所在的“德政北路禺西 2 路”被改成了寓意“破旧立新”、有革命色彩的新名称。

中　山

中山是广东省下辖的地级市。位于珠江三角洲中南部，珠江出海口西岸，与澳门比邻。中山是富裕的鱼米之乡，也是著名侨乡，现在是现代化的工业城市。

我在中山当过15年教师，先后换过三间学校。所以，我父亲的信曾经寄到过中山的三个地方：翠亨村中山纪念中学、坦洲镇坦洲中学、黄圃镇中山师范学校。

>> 中山市中心城区的岐江河　张展　摄

翠亨村属南朗镇，是中国民主革命家孙中山先生的故乡，中山纪念中学就坐落在这个村子的旁边，犁头尖山脚下。1963年，我大学毕业后就分配到这间学校教书。这是由孙中山先生的公子、民国名人孙科领衔创办，全国有名的中学，不但环境优美，而且读书风气很好，培养了许多出色人才。我在这里待了五年多，其中1956—1959年正处“文化大革命”的动乱时期，为防止信件失落，父亲有的信就寄到广州西关家里或我外家去。

坦洲镇位于中山市最南端，比邻珠海、澳门，晚上可以越过平坦的田野望见澳门的灯光。坦洲是个大水乡，河涌交错，良田万顷，土地肥沃，原来是广东的大粮仓，现在成了工业重镇。当年的坦洲中学校园狭小，2011年新建落成的现代化新校区占地15.6公顷，建筑非常漂亮气派。

黄圃镇地处中山市最北部，西北与佛山市顺德区为邻，东北与广州市番禺区隔河相望。该镇一河两岸，山青水绿。它以前是中山的第三大镇，现在已经发展成为全国有名的食品工业基地和家电产

>> 著者曾经任教的中山纪念中学是全国最美的中学名校

业基地。当年我任教过的中山师范学校，后来已经搬走。

我把15年的青春时光献给了中山，中山成了我亲爱的第二家乡。父亲的古巴家书，大部分是寄到中山的。

为了纪念父亲，也为了与更多的人分享他的家书，2006年12月，我出版了《古巴华侨家书故事》；2011年7月，再出修订版《鸿雁飞越加勒比——古巴华侨家书纪事》（均由暨南大学出版社出版）。后者荣获国际性大奖——《中国作家》第二届中山杯华侨华人文学奖。这两本书，对黄宝世家书的内容和背景有详细的说明。

探访之旅

>>哈瓦那　海明威故居　黄雅凡　摄

>>海明威故居小客厅　黄雅凡　摄

飞往多伦多

酝酿多年的古巴之行终于启航了！

春姑娘尚未全身而去，初夏的暖风已经轻轻拂来，树木长出嫩绿的新叶，红棉花亦已绽放。5月下旬，我们抓紧时机从广州出发。

我们的“跨国家庭访问团”，团员包括广州三人：我和老伴梅子、小儿子黄鹄（小子）；北美两国三人：长子雅凡（小戈）、女儿黄炼（小幺）和外孙女小美。一行六人，代表着来自三个国家的祖孙三代。

>> 三兄妹从中、美、加三国会师多伦多　黄卓才　摄

此行目的非常明确：纪念先父黄宝世先生和古巴华侨先辈，探寻古巴华侨华人华裔的踪迹（龙迹），深入实地触摸古巴，了解古巴。

对于从中国出发的访客来说，多伦多无疑是最理想的中转地。加拿大与古巴长期保持着友好关系。加拿大是古巴旅游的最大客源国，加国人前往古巴不需要签证。中国人持私人护照经加拿大到古巴探亲、旅游，也不需要签证。而我的长子又旅居多伦多。有此方便，我们决定全体成员先行集中多伦多。

我和老伴以前多次去过加拿大探亲，签证应无问题。小儿子是首次申请，他是一名羽毛球教练，属于自由职业者，况且年轻力壮，很容易被疑移民倾向。当然，在我们看来，申请理由和证明材料都是足够的，而且除旅游探亲，确无他谋。所以申请签证信心百倍。

签证出乎意料地顺利。印象中的加拿大人办事不紧不慢，原以为需要一个月半个月才能办下来。我和妻子年过七旬，属于老人之列，按签证指南提示，可能被要求体检、买保险。谁知什么也不要。签证一个星期就由北京回到广州签证中心，通知我们领取。还有一个惊喜：我和老伴的签证是四年有效，多次入境；小儿子则是六年有效，多次入境。按加拿大现行的签证政策，是可以一签十年的。但因为我们的护照分别四年、六年到期，所以未能享受十年期的待遇。不过，这已经很好了，四至六年内，我们多次出入加拿大而无需再办签证，想走就走，这离免签证已经是一步之遥了。看来，加拿大的签证政策有了很大的变化，工作效率也大大提高，这对于中国居民和他们的海外亲人无疑是个大喜讯。

我们的古巴之行与出访的官员、一般的旅行者固然不同，跟公费出国的专家学者也有区别，这就是有充分的自主性。最重要的目的地自然离不开哈瓦那，那是160多年前中国第一批苦力华工登陆古巴的地方。那里有曾经是美洲最辉煌的唐人街、中国城，还有我的好些古巴朋友。而我们同样倾情的，更有中部小城大萨瓜（Sagua La Gerande，又译大沙华）。那是当年繁荣的工农业经济和商贸中心，大量广府华侨聚居之地。我父亲黄宝世在那儿侨居了50年，直至终老。我们要为他扫墓，纪念父亲的友人和所有的华侨先辈。而据说这个地方目前还未开放，连个酒店也没有，离首都哈瓦那比较远而且交通也相当不便。但无论如何，作为一个侨属和从事华侨华人研究的学者，我有兴趣和责任进一步探究哈瓦那尚未充分发掘或者几

>> 海航班机在北京机场中转 黄卓才 黄鹄 摄

乎被遗忘的古巴华侨光辉历史，了解古巴华侨华人和华裔的生存现状及发展前景。而对几乎被湮没的大萨瓜华埠，我更希望尽自己的努力，进一步揭开它的神秘面纱。

由广州到多伦多，有多条航线可供选择。我们选择了海南航空，它从广州起飞，经北京中转直飞多伦多。本来中转时间有三个小时之多，应该是从容不迫的。谁知那天广州天气不好，足足迟了一个小时才起飞，北京的中转就变得匆匆忙忙。近来北京机场常因雾霾而误班，但我们的运气还是不错的，飞机准时起飞了。

经过 14 个小时的飞行，到达多伦多是当地的中午。小戈驾车来接，大家见面争先恐后互相拥抱。虽然小戈回中国进行学术交流和合作及探亲是经常的事，但我和太太来加拿大，最近一次也已相隔十年了。小儿子呢，则是首次在异国他乡与哥哥见面，怎么能不激动啊！

阔别十年，多伦多变了许多。机场更大了，最明显的是多了一座大楼。城市向郊外扩张，出现了不少新的住宅区、商业区和工厂区。特别是华人新移民聚居区的新“摩”（mall），不断进入我们的视野。据说由于中国新移民、留学生的大量涌入，现时多伦多当地的华侨及华裔人口多达 40 万人（一说近百万）。唐人街由当年的 2 个变成了 5 个，其中市中心有 2 个，郊区有 3 个。多伦多市中心及市郊有 70 多家华人商场，其中规模较大、生意兴隆的有太古广场（Pacific Mall）、城市广场（Market Village）、万锦广场（First Markham Place）、时代广场（Times Square）、东方广场（Oriental Center）和大都会广场（Metro Square）等。多伦多现有四份中文日报，其中最著名的三份为《世界日报》《星岛日报》和《明报》。还有超过 12 份社区小报，中文电视台和电台也各有三家。

>> 多伦多华区万锦广场一角　黄卓才　摄

我们在万锦广场一家中餐馆吃饭。它比较接近港穗的风味，高峰时段座无虚席，甚至有食客在等位。厨师和侍应自然忙得一头烟，节奏要比广州快得多。有一位四邑同乡华侨，是年过半百的烧腊师傅，已经累得麻木。我想，若是为了追求科学或者某种理想，迎接某种挑战，移民是有价值的。若是只为衣食住行，似乎就大可不必。人生短暂，只要勤劳肯干，只要不刻意追求大富大贵，比较丰足的生活并不难求，何苦花那么大的代价移民而受洋罪呢！如果是外逃的贪官，虽然坐拥金山银海，但罪恶感时时折磨他们，正义追逃的压力更让他们食不甘味、睡不安寝，闭门避人不敢外出的孤寂日子是很不好过的吧。

我们此去寻找古巴华侨华人先辈的踪迹，与他们当年出洋的背景完全不同，其甜酸苦辣又如何呢？

扎营巴拉德罗

早就听说古巴有个“人间伊甸园”，它就是对外开放的旅游特区巴拉德罗（Varadero）海滩，世界著名的海滩度假区之一。

巴拉德罗位于古巴岛的中部，与美国佛罗里达隔海相望。它所在的伊卡克斯半岛深深地伸进大海，“如同抛进海水的一根鱼钩，又像是深入海面的一个犄角”。《环球时报》的一位记者这样形容它。

古巴驻华使馆十多年前在北京出版的《古巴旅游指南》介绍巴拉德罗，突出“大海、沙滩、阳光、蓝天”四大特色。这对于中国北方需要避寒的人，尤其是对于每天可以躺在沙滩椅上晒十个八个小时太阳而一动不动的北美、北欧游客，当然很有吸引力；但对于我们这些生活在亚热带不缺海水、阳光、沙滩的广州人和珠江三角洲侨乡的游客，一时似乎还没有太多的兴奋点。

虽然如此，比较了几种方案之后，我们仍然选择了扎营巴拉德

>> 巴拉德罗在哈瓦那和大萨瓜之间 黄卓才 配图

罗。这是为什么呢?

首先,这里有地利之便。扎营于此,东进180千米可达大萨瓜(大沙华),西行140千米就是哈瓦那。这对于我们自驾车外出访问这两个地方都比较方便。

其次,这里物质条件优越。巴拉德罗之所以被称为“古巴最不像古巴的地方”,是因为它主要是为外国人服务的,古巴用旅游业赚来的外汇向国外购买食品、名酒和可口可乐等饮料,物质缺乏问题在这里是不存在的。吃得好,住得好,我们的访问工作有着物质的保证。我们访问团有年过七旬的老人,还有年仅七岁的女孩,需要一个比较舒适、利于健康,有助于完成访问计划的环境。在此之前五年,2009年,美国堪萨斯大学的刘博智教授和古巴海归、现时在西班牙攻读博士的谭艳萍小姐去过大萨瓜。当时那儿的开放还仅仅是一条门缝,各方面的条件都差。他们利用民间的交通,在华人朋友家里投宿和搭食,生活自然艰苦,尤其是缺水、缺蔬菜水果。我们和刘教授一样,都是要深入民间体验普通古巴人的生活,但他们“自找苦吃”的旅游方式似乎不大适合我们。我们的视野更加广阔,调查访问的效率更高,所以选择了另一种方式:旅游套票+自驾车自由行。

最后,这是一个性价比最高的选择。6月上旬,适逢加拿大人赴古巴旅游的淡季,多伦多阳光旅行社的巴拉罗德8天旅游套餐,

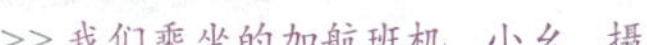

>> 我们乘坐的加航班机 小幺 摄

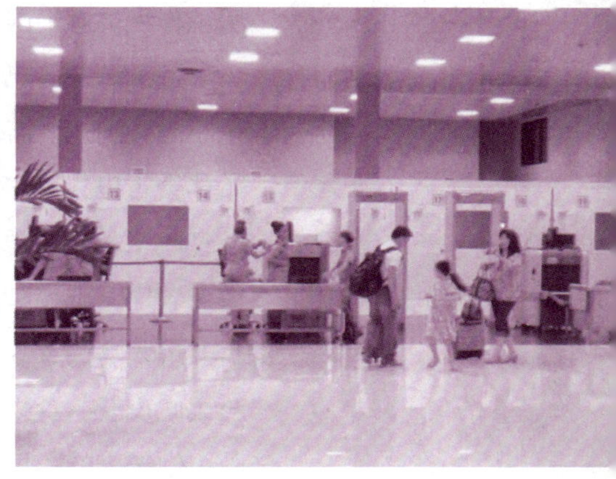

>> 在古巴海关 小幺 摄

包加航双程机票、包吃、包住、包机场大巴接送，每人 790 美元，比单买一张同一航空公司的机票还便宜。说起来有点不可思议，但它就是那么合算。顺便说说，一二月是古巴旅游的旺季，这时加拿大很冷，许多人到古巴去避寒，旅游套票要贵 50%~100%。我们中国南方的游客和侨属去古巴，不必选择这个季节。

下午 4 时多，加航班机在多伦多机场起飞 3 小时后即到达古巴巴拉德罗国际机场。这个机场在马坦萨斯省，西距哈瓦那 90 多千米，东离巴拉德罗海滩 30 多千米。虽为国际机场，实际上规模较小，航班不多。

在机场过海关，比预料的顺利得多。来古巴前，我看过一些游记，也听过一些朋友的介绍，都说中国公民经加拿大入境古巴，虽然不需签证，在护照上不留痕迹，但过海关很麻烦，要翻看行李，会被盘问很多问题。实际上，我们的经历是签证还是要的，只不过是落地签。即预先在飞机上填写好一张有正副单的表格，海关撕去正单，旅客留下副单，这就是出入境签证。除了美国护照不留痕迹外，加拿大、中国护照都盖了印。行李只过安全带，根本没有翻看。我们一家六口分别持美、加、中三个国家的护照，过海关总共只用了 18 分钟，平均每人三分钟。小戈带头进入，照了相，主动告诉海关工作人员一行六人的简况。我们一个个跟着，要逐个照相，但只问一两句无关要紧的话，或者一句也不问，就 OK 了。我感觉，古巴海关工作人员对中国人、加拿大人热情有礼，对美国人也非常友善的。

过了海关，巴拉德罗海洋酒店的接送大巴已在等候了。行车半个小时，到达酒店已经是晚上 10 点多。排长队办入住手续，我们开始体会古巴人办事的慢节奏。等拿到钥匙，安顿好行李，自助餐厅已经收工。经理告知，11 点另一个夜间餐厅又开始服务，还有一个海滩餐厅，半夜 3 点半开始服务。

进入房间，在席梦思床上打打滚，然后痛痛快快地洗了个澡，再去吃夜餐。食物太丰富了，在这里，你永远不会饿肚子。

饱餐一顿，再加两杯靓葡萄酒下肚，回到房间很快就睡着了。

早安，古巴

早安，哈瓦那！早安，古巴！

我们黄家以“纪念先侨，追寻龙迹，了解古巴”为宗旨的跨国家庭访问团一行六人来到了你这儿，向你，向我们朝思暮想的古巴，致以亲切的问候！

古巴的早晨静悄悄，但它的多姿多彩令人目眩，惹人心动。

古巴的早晨是绿色的。清晨，我们在巴拉德罗（Varadero）海洋酒店室外散步，欣赏生机勃勃的青草和绿树。不必着意踩踏草地，青草的芳香自然扑鼻而来。坐在泳池边，也会感觉到周围弥漫着浓浓的绿意。古巴气候好，常年无冬，雨水充沛，森林覆盖率25%，草原绵延不绝。从飞机上望下去，整个鳄鱼状的岛国一片深绿。自驾车无论是在高速公路或乡村公路上行驶，车窗外都是绿色的田野、树林和草地。小村落和小镇子星星点点，人烟稀少。查查数据，古巴的总面积三倍于台湾，人口却只有台湾岛的一半。而且它的国土三分之二是平原。啊，古巴的土地资源太丰富了！在环岛海岸，茂密的红树林和宽广的沼泽地依然保持着原生态。广袤的平地、众多的丘陵尚未开发，已被耕作的土地还很少。大量的可耕地或未被开垦，或被休耕、荒废。中国人，特别是我们广东侨乡人梦寐以求的田地和青山绿水，在这里多的是。怪不得古巴的国名原意为“肥沃的好地方”了。

>> 在古巴乡间的公路上　黄卓才　摄

古巴的早晨是白色的。明朗的天空飘着朵朵白云，空气洁净到了极致。就算连续几天打开窗户，家具被褥依然一尘不染。哈瓦那小白宫本来就是全白的，它正在维修，将会涂上更耀眼的新白。湾城新区许多笔直的街道，大多数房子都是白色的。古巴人喜欢白色，男子汉的典型装束，就是一顶白草帽，一身白衫白裤，白皮鞋，连腰间的皮带也是白色的。早晨，你可以见到许多白色的身影从你眼前飘过，不急不慢地去开工，去上学。小学生（包括农村小学生）的校服都是白色的，这就让他们从小养成爱清洁的习惯。古巴大多数人生活并不富裕，甚至可以说还比较贫困，但他们天生快活，知足常乐，高洁自爱。驾着五六十年前修修补补的老爷车，他们不但不觉得面子有什么问题，反而感到很自豪，因为这么老旧的汽车在他们手上居然可以照样快速奔驰！而有不少老爷车就是漆成纯白的。古巴人无论老少，大都身体结实，气色很好，脸上绝对没有愁苦和憔悴。他们面对困难的洒脱态度，足以令人感到处处充满白亮的阳光。

古巴的早晨是蓝色的。你看那蓝色的天空，湛蓝湛蓝的没有一片乌云；你看那蓝色的海洋，湛蓝湛蓝的没有一点污染。一个早晨，我们正在哈瓦那街头仰望蓝天，忽然，一群大学生来到了我们身边。他们穿着蓝色的校服，整洁而合体，不像广州的校服宽袍大袖，拖拖沓沓。小姑娘、小伙子笑容灿烂，热情地主动跟我们打招呼：“你

>> 哈瓦那街头，学生热情地与著者打招呼　小幺　摄

好！”“你好，Chino（中国人）!”我相信，他们之中一定有华裔。因为古巴有我估计50多万华裔，约占全国总人口的1/20,而他们中相当一部分生活在哈瓦那。虽然经过一个半世纪几代人的混血，多种族的充分融合，从面孔上你已经看不出多少中国人的特征，但是，在他们身上的确流动着华夏民族的血液。热情、爽朗、朴实、大方，中国人的传统美德加上西方人文明、风度的陶冶，使他们显得特别可爱。

>> 古巴盛夏，影树红艳如火　黄卓才　摄

古巴的早晨是红色的。尤其是五六月，到处可见高高矮矮的影树，开满了火红火红的凤凰花。我们来得真是时候，凤凰花正在盛开。一棵树就像一把撑天的大红伞，一顶火红的大帐篷，一堆熊熊的烈火。如果是几棵、十几棵树植成一排，就更为壮观，酷似一条巨大的火龙。从哈瓦那到马坦萨斯，从巴拉德罗到大萨瓜（大沙华），从大中城市到小镇乡村，我们所到过的地方，都是一片火红。古巴人喜欢影树，喜欢凤凰花，我想是有道理的。因为凤凰花象征着他们热情如火的性格。我们在哈瓦那入住私人旅馆，在大沙华的家庭餐厅吃饭，虽然都是一面之交，但主人家待我们如亲人。我的小孙女晕车呕吐弄脏的衣服，老板娘从我女儿手上抢过去洗得干干净净。我们离开古巴的时候，巴拉德罗五星酒店的女服务员用英语大声说：“我爱你（I love you）！”

>> 早晨的古巴到处色彩缤纷　新华社记者　马国强　摄

古巴的早晨是色彩缤纷的。

来古巴之前，我有种种担忧，怕吃不饱、

睡不好，怕道路坑洼，交通不便，行动不自由，怕人生地不熟难办事……总之，心目中古巴的色彩是灰暗的，这显然是受了某些传言的影响。来到之后，只需一个早晨，我的感觉全变了，眼前一片绚丽，一片明亮。这也许就是古巴的魅力！多年来，凭 78.3 岁的预期寿命、99.9% 的识字率，古巴的人类发展指数一直维持在高水平。根据世界自然基金会的报告，古巴是全球唯一已实现社会、环境、经济多方面永续发展的国家。亲临其境，切身体验，我相信！

每天都有一个早晨，而每个早晨都有不同。如果我们不以老眼光看古巴，也许会有更多的发现。如今古巴以市场为导向的经济调整已经展开，个体经济如雨后春笋。我强烈感觉到，朝阳升起来了，人们一觉醒来，呼吸一口早晨的新鲜空气，就会努力干活，创造更加美好的生活。中国作家路遥说过："太阳永恒的微笑挂在窗框边，他把新一天的炽热留给了中午，他把光和热的期望都寄语在了正午，早晨是从中午开始的，成就是在中年铸成的！"[①] 这也许可以用来与古巴朋友共勉。

古巴的美出乎我的想象，古巴的早晨令我迷恋和回味。

---

① 路遥．平凡的世界［M］．北京：北京十月出版社，2013.

雷格拉凭吊

我们“黄家跨国家庭访问团”到达哈瓦那，是在2014年6月3日。这一天，正是中国人登岸古巴167周年纪念日。非常幸运，赶上这样一个具有重大历史意义的日子。

古巴中华总会馆西文秘书周卓明先生提前几天就用电子邮件告诉我，届时将有一个全部侨领参加的献花仪式。他们将于上午9时在孔子公园集中，乘大巴前往雷格拉。

我们接到邀请后，立即策划赶去参加。

查资料，得知雷格拉（Regla）是哈瓦那市的一个县区，是哈瓦那旧港的所在地。这里以前是印第安人的小村，殖民地早期成了后备仓库。它位于哈瓦那海湾东南岸，离中国城附近的孔子公园约半个钟头车程。

1847年年初，一艘悬挂着西班牙国旗、船舱里塞满了货物和华工的双桅帆船“奥坎多”号从中国厦门出发。经过漫长而凶险的航行，131天后抵达哈瓦那，上岸地点正是雷格拉湾。途中不少人丧生，登陆者只剩206人。

>> 在雷格拉街头。右后建筑是废弃的非洲黑人教堂　黄雅凡　摄

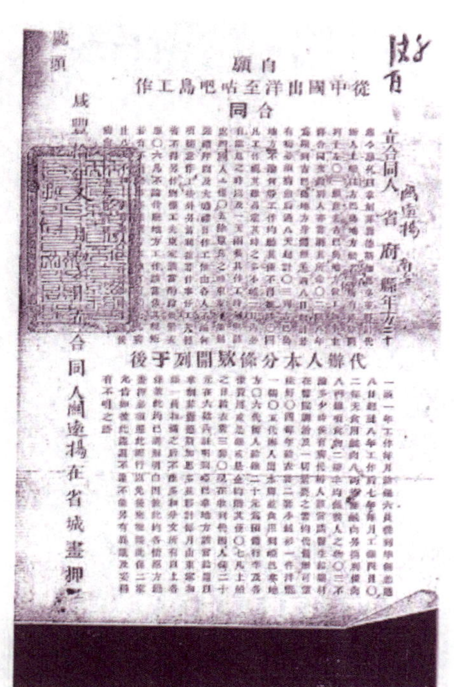

自願

從中國由洋至咕吧島工作

合同

代辦人本分條款開列于後

LIBRE

EMIGRACION CHINA PARA LA YSLA DE CUBA.

CONTRATA

>> 中西文的“猪仔”合同内容不尽相同，中西文对比阅读更见霸王条款和欺骗成分　黄卓才　扫描

9天后，英国三桅船“阿吉尔”号又运来365名华工。与早前到来的非洲黑奴一样，他们都被安排在雷格拉的一间大棚屋住宿。据估计，仅从1853年到1873年的20年间，就有13万至15万中国苦力被运往古巴，其中约13%的华工死于途中。幸存者大多在甘蔗种植园中从事繁重的体力劳动，没有人身自由，也没有任何权利，在严密监管和枷锁皮鞭下以超负荷的体力劳动换取微薄收入艰难度日。

读一读华侨史就会知道，在欧洲人发现新大陆之后，西方列强需要大量的劳动力开采殖民地的资源，而经济落后的非洲及亚洲就是殖民者强行掳掠人口的对象。19世纪中叶，在“解放黑奴”运动后，非洲劳动力来源断绝了；而这时中国鸦片战争、太平天国起义相继失败，清政府政治腐败，天灾人祸，民不聊生，殖民者于是乘虚而入。沿海地区的厦门、汕头、澳门、香港“猪仔”馆林立，人力贩子诱骗、强抢“猪仔”（苦力劳工）贩卖到拉美和北美等地。与南洋“猪仔”的贩卖不同，去美洲的“猪仔”是有堂而皇之的契约的，所以也叫“契约华工”。这种苦力贸易全由白人经营，一般是由各地殖民政府拨出专款，委派招工专员，或组织“移民公司”，由代理人、苦力贩子以及苦力船的船长，到中国口岸进行拐骗和掳掠，可能也有战败的太平天国士兵为逃避追捕而自愿卖身。苦力运到殖民地即被公开拍卖，售给种植园、矿山、铁路等急需补充劳力的老板。据估计，1847—1874年，从中国掠往拉美的契约苦力达50万人，其中，从澳门运出约30万人，运往古巴和秘鲁的占大多数。

由于贩卖华工可获暴利，人贩子不择手段，比如船只不足时，就将一些废置的破旧船只匆匆改建投入使用。超额的滥载，船舱拥挤不堪。“猪仔”们每人只有一尺之地，日间并肩屈膝而坐，晚上则交股叠足而睡。在漫长海途中舱门紧闭，舱内空气窒息，疫病流行。船上淡水不足，华工常因渴极讨水而遭鞭打。为了镇压船上造反的“猪仔”，舱口加装铁栅，甲板上架着枪炮，船上巡丁日夜荷枪巡守，戒备森严。难以忍受的凌辱和折磨，激起华工的反抗，强者聚众抗暴，换来是更加残暴的镇压。弱者投海自杀，死亡及重病者被扔入大海。苦力船是名副其实的“浮动地狱”。

到达古巴的“猪仔”继续受到极端残酷的虐待。按照霸王合同，契约华工以八年为期。期内，雇主叫干什么活都得服从，即使被转卖也不能吭声。他们每天要工作14~18个小时，被安排种甘蔗烟草、筑路开矿等重活，但工资微薄。稍有怠慢，就会被鞭子打得皮开肉绽。敢于反抗的，还要被扣上50斤重的锁链。他们劳动寿命平均只有五年，死亡率达75%。从1847年至1874年的27年中，抵达古巴的华工共计12万多人，而1880年到中国驻古巴总领事馆登记仅为4万多人。其余8万多人，绝大多数在契约期未满就被折磨死了。由于苦难深重，1868年古巴独立战争一爆发，他们就积极参战。成千上万的华人身先士卒，英勇作战，许多人牺牲在战场上，不少人立下了赫赫战功，赢得了古巴人民的尊敬……

九死一生的中国人，在古巴奋斗、创业的辛酸故事由此发端。

初来乍到，人生地不熟。给我们当义务导游和翻译的博士留学生小寇这个上午不能缺课，我们又少了一个活的导航器。不断用英文问路，而讲西班牙语的当地人的回答往往不得要领——后来才知道，古巴为与苏联结盟而长期推行俄语教育。电话呢，也断了档，我们没有开通昂贵的古巴漫游，没有Wi-Fi，微信也用不上，只能探索着前进了。自驾车左拐右拐，赶到雷格拉镇中心已经11点钟了，

雷格拉镇当年华工住宿检疫的大棚屋

哈瓦那华人隆重纪念1847年首批华工登岸古巴

>> 古巴中华总会馆供稿

估计献花的侨领们已经返程。与献花仪式失之交臂，好在中午还有机会与侨领们聚餐。

雷格拉镇中心有个公园。公园里有古巴国父何塞·马蒂等好几座人物塑像和战争纪念碑，是纪念古巴独立战争名人的。周围街道行人稀少，市面比较萧条。公园周边有两座较大的建筑物，一座是教堂，另一座是正在维修的政府机构，这种建筑格局是西班牙殖民者留下的。离教堂不远的街上，有一座普通的旧房子，墙壁是白色的，百叶窗是蓝色的，斜屋顶盖着红瓦。一个已经没有大门的宽大的门洞比通常房子门口大得多。这就是过去关押黑人奴隶和到岸华工的大棚屋。旧房子门前，挂着一块不显眼的铜牌："纪念第一批华人到达古巴 150 周年——雷格拉。"铜牌上方有日期：1847 年 6 月 3 日；下方也有日期：1997 年 6 月 3 日。这个铜牌说明，人们没有忘记历史。

>> 纪念铭牌　黄卓才　摄

得到一位欧洲白人游客的热心指引，我们在镇中心的马蒂大街上找到了雷格拉中华会馆。很旧的房子，大门紧闭，看得出已经许久无人进出。门前一块西班牙文的铜牌写着："这个地方曾经居住过革命者马努埃尔·路易斯（1914—1968 年），他是在古巴的华人的楷模、中国共产主义联盟主席，中华会馆主席（1960—1968 年）雷格拉 1993 年 5 月 12 日中华会馆百年纪念日"。古巴中华总会馆西文书记周卓明先生后来告知，这是纪念吕戈子先生的。这里有中华会馆的分会，足以证明雷格拉曾经有不少华侨华人在此生息。但他们来自哪里，有多少人，做过什么工作，繁衍了多少后人……我们未能找到记载。古巴众多的地方中华会馆如今都与雷格拉中华会馆一样，人去楼空，文物史料荡然无存了。

>> 著者和家属在雷格拉中华会馆旧址门前。下为铭牌特写　小子　摄

>> 废弃的雷格拉港码头 黄卓才 摄

向前走去，我们来到古港码头。远望时，码头的塔形建筑巍然屹立；走近看，里面空无一人，只有一些锈迹斑斑的老旧机器和几近朽烂的家什。再看看建筑物外面，浸在海水里的码头设施也变成了废钢烂铁。我们凭感觉确认，这就是当年“猪仔”华工登岸的地方。

站在码头上，眺望蔚蓝的大海，我仿佛看见169年前“猪仔”华工再次登陆的情景：他们在神气活现的人贩子的监视下，一个接一个踏上翘板。瘦弱的身子上穿着汗盐斑斑的黑色唐装，脑后拖着长长的辫子，颤颤巍巍有气无力地走上岸来。经过四个月零一天海上艰险航行，存活下来的这206人无疑是幸运的。但八年期的苦力合同期是否能够熬过，八年后又有怎样的遭遇，他们是懵然不知的。历史告诉我们，这些先行者命运多舛，但毕竟以青春和生命为中国人移民古巴打开了一条血路……我们不禁肃穆地为历尽苦难的先侨们默哀，向勇敢争取生存权利而斗争、为古巴的独立而献身的先辈同胞致敬！

移步堤围，放眼西岸，只隔着一个海湾，哈瓦那市中心区却是一派现代化都市景象。堤围周边有些人在散步、聊天，有的向我们这些不速之客投以惊讶与疑问的目光。我们干脆大大方方地跟他们交谈，从中得知附近有个博物馆，叫作“爱德华多·戈麦斯·卢阿塞斯”区立博物馆，里面有很多珍贵的历史实物资料，包括一些非洲古巴宗教活动用品。再问是否有华侨文物，却说不知道。

据说雷格拉还有一座坟墓，是当年专门埋葬死去的“猪仔”华工的。这些死者的情况，包括什么年月、坐的是什么船等，国外已有学者在美国、古巴的图书馆找到记录。可惜的是姓名只有西班牙文，没有中文。看来，要弄清这段历史，依然任重而道远。

雷格拉街头行人稀疏，国营商店可买的东西很少，倒是个体摊档给市面带来生机。我想，由于当年有大量勤劳智慧的中国移民在，特别是 20 世纪四五十年代，哈瓦那被誉为“小巴黎”，可以推测当时的雷格拉一定也是很繁荣的。如果今天还有中国移民到来，这个小镇也不会衰落到这个样子。

离开雷格拉，我们的心情是说不清的悲怆和怅惘。

>> 用手势动作也可以跟异国小镇居民交流　黄卓才　摄

与古巴侨领共进午餐

2014年6月3日，古巴侨领在凭吊雷格拉之后，应我的邀请，一起来到哈瓦那中国城洪门民治党总部餐厅共进午餐。

当我们访问团来到餐厅时，侨领们已经齐聚一堂。我的好友、古巴中华会馆西文书记周卓明先生为我们的相聚做好了准备。当天下午5点钟，他就要飞赴北京出席世界华人社团代表大会。临行匆匆，他还帮我约好这次午餐聚会，令我非常感动。

赵文立（肇商）先生早已在街口等候。他是《光华报》的老编辑，以前我已经知道他的名字。一见面，他就说读过我的书——《古巴华侨家书故事》。我记起来了，7年前，我寄过这本书给古巴中华总会馆。以书会友，我们一见如故。

>> 周卓明（左二）主持聚餐。左四崔将军，右二蔡将军，右三伍主席

伍迎创会长在餐厅门口迎接我们。一口台山乡音让我俩的双手紧握在一起。正所谓“异乡遇老乡，两眼泪汪汪”。

周卓明先生引领大家入席。他告诉我今天出席的侨领有16位，他们是：中华总会馆五人，包括主席（会长）伍迎创先生（注），第一副主席崔广昌将军①，第二副主席蔡国强将军，周卓明先生本人是西文书记并任古巴洪门民治

---

① 伍迎创先生2015年去世，继任主席是崔广昌将军。

党副主席，赵文立先生是财务主任。还有华侨社会主义同盟主席沈先莲女士，陈颖川堂主席陈美美女士，李陇西堂主席李小玉女士，黄江夏堂主席黄锦芳女士，溯源堂主席邝启宏先生，至德堂主席吴玉花女士，余风采堂主席余伟胜先生，九江公会主席曾广仁先生，中山自治所主席刘金胜先生，龙岗公所主席刘淑芳女士，安定堂副主席伍志强先生；此外还有一位司机。我们黄家跨国访问团其他五位成员，即我的太太、两个儿子、女儿和我的外孙女，还有为我们做义务导游和翻译的留学生寇顺超博士，也一一入席。一共 24 人，坐满了一张六米多长、一米多宽的拼接长桌。

特别是崔广昌和蔡国强将军，他们的光临让我们格外感动。他们腿脚都不好，行动不便，还是应邀而来了。

>> 著者向中华总会馆伍会长赠送纪念牌 小子 摄

周卓明先生让我致辞。我首先感谢各位侨领的盛情，然后说明来意。我说，我们回家来了，看望我的兄弟姐妹叔侄来了。当年我父亲黄宝世是大沙华中华会馆主席，不时要到中华总会馆来办事，到黄江夏堂探望同宗兄弟，到各个社团去找朋友。因为当时侨汇要按定额指标分配，老侨免费乘搭中国货船回国也要排队轮候，我又急切希望他早日回国团聚，所以他要为这些公事私事奔波。大沙华离哈瓦那 300 多千米，由于交通不便，往来劳顿，中华总会馆的领导和黄江夏堂的兄弟总是热情接待。父亲每次来哈瓦那，他都会在家书中告诉我见到哪些人，办了什么事，结果怎么样，等等。我也就从他的家书中分享了叔伯兄弟的情谊。今天我和家属是来感谢各位的……

跟着，伍迎创主席发表了热情洋溢的欢迎词。他说，像我们这么一家三代从三个国家来，非常难得。他说看到我们一家大小都很健康，精神很好，他为我们的幸福家庭高兴，并祝我们访问成功。

席间举行了一个简单仪式。我给中华总会馆伍主席敬送了“侨属的远方家园”纪念牌，给黄江夏堂主席锦芳女士赠送“阿湾连江

>> 两位将军在宴席上翻阅《鸿雁飞越加勒比——古巴华侨家书纪事》 小幺 摄

夏 浓浓宗亲情"纪念牌。赠送给洪门民治党总部的，是我的挚友、香港著名诗人、书法家秦岭雪先生的书法长卷。

我带来了为纪念父亲和古巴华侨先辈而写作的《鸿雁飞越加勒比——古巴华侨家书纪事》两册，首先赠送蔡将军一册。蔡将军2011年曾和上校儿子一起回广州番禺寻根。在广州白天鹅宾馆，我得到单独会见。于是，书中就有我们的两幅合照以及纪事短文《我见到了蔡将军》。蔡将军一拿到书，就细心翻阅，看到自己的照片，

>> 餐后与侨领们合影留念 寇顺超 摄

他非常开心。我把另一册给大家传阅，后赠送给华侨社会主义同盟图书室。

我儿子和女儿带来了一些文具和日用品，小小礼物，不成敬意，一一赠送给各位侨领。午餐吃了两个多小时，我们尽情倾谈，与侨领进行了充分的交流。有一位赵姓华侨妇女，得知消息也前来与我们聊天。餐后在洪门总部会议厅参观、合影留念，我从中得知各个社团的一些情况，同时我也向侨领们介绍了暨南大学华侨华人研究院的情况，欢迎他们回国时抽空前去指导。

本来我还邀请了洪门民治党总部主席蒋祖廉先生和中华武术学校校长李荣富先生，但蒋主席带洪门代表团到中国访问去了，李校长则忙于接待中国来的武术老师，均未能出席。

席间没有见到我的朋友吕美枝女士，我觉得非常遗憾。

古巴侨属的家园

——拜访中华总会馆

到哈瓦那拜访中华总会馆，是我古巴之行计划中最重要的一项。

义务导游寇顺超博士把我领到亚密打街（Amistad）420号，这就是中华总会馆的所在地。

>> 中华总会馆的小会议室 黄卓才 摄

年过八旬的赵文立（肇商）先生早就站在会馆门前迎候，主席伍迎创先生也迎了上来。我们昨天午饭一起用餐、聊天，今天相见，已经像老朋友般熟稔。

进门是一间大约20平方米的客厅，正面墙上挂着一幅孙中山画像，两侧摆放着红木雕花座椅。中间的办公桌后面坐着一位妇女，看得出是做接待工作的。稍作寒暄，伍主席和赵老先生就带我们乘电梯直上四楼。

古巴中华总会馆是1893年创立的古巴华侨全国性最高机构，至今已有121年历史。当年华侨集资4.6万余美元购置馆址，在这里修建两幢楼房作为会馆产业和会员活动场所。其后悉心经营，陆续拓展基业，1915年以3.35万余美元创建颐侨院，专门收容60岁以上贫苦无靠的老华侨入院颐养天年；1935年又建立了中华学校，使华侨子弟有机会学习中华文化。还创办了中华药店、中华书店、开辟中华义山坟场，办理华侨回国及各种福利事务，等等，深得华侨华人的赞赏。鼎盛时期，中华总会馆领导下的社团有90多家，它们分布在古巴的大中小城市。《光华报》也被收归麾下。20世纪40年代末高峰时期华侨会员达6万多人，现时为2 500人左右，大多是土生华裔。

走出电梯，主人先把我领到图书室参观。这里藏有数千册图书，以中文图书为主，也有《人民日报》海外版、西班牙《京周报》和《人民画报》等，都是会馆几十年来收藏起来的。它是华侨华人阅读中西文书刊的好去处。听说有一位姓邝的老华侨，因为有车，成为这里的常客。赵先生从书柜里抽出我的一本书《古巴华侨家书故事》，说：“这就是你寄给我们会馆的书，我读过了。”我记得，那是2006年，我这本书在暨南大学出版社出版。它讲述的是父亲40多封家书的故事，并透过我们的跨国家庭私人生活史，记录了古巴华侨华人的奋斗历程和坎坷际遇。书的扉页上，印着我的一句话：“谨以此书纪念我的父亲和古巴华侨华人先辈”。古巴中华总会馆在我的赠书计划中排在首位。我希望借助中华总会馆的平台，有更多的古巴华侨华人及他们的后裔、亲友读到我的书。

>> 中华总会馆图书室收藏着著的书《古巴华侨家书故事》 寇顺超 摄

四楼的中央部分是一个大厅，做礼堂之用。

>> 著者与伍主席、赵先生在中华总会馆的牌匾下留影 寇顺超 摄

墙壁上高挂着“中华总会馆”的大字古老牌匾，题字人是清朝一位外交官——钦差出使美日秘国大臣、二品顶戴翰林院侍读崔国因。在这个大厅，中华总会馆的历届负责人接待过无数中古两国政要、来访团体和著名人士。而平时，则是大中型会议的场所。每逢星期三，这里放映中国的电影，免费招待会员和华侨、华人、华裔群众。

在“中华总会馆”的古老牌匾下，我们驻足良久，合

>> 清朝的会馆牌匾 黄卓才 摄

① 哈桑街的西班牙文含义就是沟渠街。

影留念。随着伍会长和赵先生的介绍，我思绪万千，又把古巴华侨历尽艰辛奋斗创业的历史在脑海里回放了一遍。160年前，哈桑街这儿还是哈瓦那郊外菜地上的沟渠[①]。第一代“猪仔”华工8年合同期满后，囊空如洗无法返回中国，有些人进入城乡寻找生活出路。有的人或单枪匹马，或携带着西班牙农庄主用麻包袋盖着头盲配的黑人妻子到哈瓦那来，就在沟渠一带，以种菜、做小贩卖菜谋生。1860年美国加利福尼亚排华，大量淘金、筑铁路的华工转至古巴，也在这里聚居。他们不同于卖苦力的“猪仔”，手里有点钱，可以从事商业，于是涌现出一批洗衣作坊、小餐馆、水果店、药房、报摊、赌馆、戏院、殡仪馆等，生意颇为兴隆。华人会馆也出现了，哈桑区由此兴旺起来，慢慢发展成为哈瓦那老城的一个繁荣街区，拉丁美洲最大的唐人街。

古巴中华会馆是个有光荣革命传统的爱国团体，爱祖国，也爱侨居国。在古巴1895—1898年第二次独立战争和1959年革命中，中华会馆都站在古巴人民一边，支持华侨华人投入战斗和后勤支援。曾经遍布城乡的小商小贩会员，他们更为活跃古巴城乡经济做出了重大贡献。1931年“九一八”事变后，该会立即派代表回国向中国政府请命，要求政府派军事教官和拨运枪支在国内设立训练场所，以便组织华侨青年回国接受训练和参加抗日战争。然后又发起创立旅古华侨抗日后援总会，积极募款支援中国抗日斗争。1937年“七七”事变后，旅古华侨抗日的募捐活动大规模展开。直至1945年8月日本投降，古巴华侨共捐献230万美元，为抗日战争胜利贡献了巨大力量。

>> 面对馆内的满眼珍贵文物感慨万千　寇顺超　摄

作为侨属，古巴中华总会馆对于我来说从小就不陌生。父亲生前在家书中不时提到这个社团组织。他有时会从侨居地大沙华乘坐350多千米的火车到这里来办事。因为他不仅是个积极的会员，而且还是下属大沙华分会

>> 中华总会馆的外观　朱霖　摄

馆的主席。于公于私，许多事情都要与总会馆联络。况且总会馆和华人街还有许多乡亲和朋友。1970年，父亲给我寄来一张相片，是他与中国驻古巴大使孙健的秘书、中华总会馆主席吕戈子和夫人一起商讨公务的工作照。这张相片我保存至今。在他的家书中向我郑重介绍过的，还有黄传丁先生、何晃钊先生、黄坤传先生等友人。其中会馆财务黄传丁先生我在广州上门拜访过。

1990年，我参与主编的《华侨华人大观》一书在暨南大学出版社出版。在“社团选录”部分，就有“古巴中华会馆”的条目。通过编书，我更加深了对这个古巴最高华侨华人社团组织的了解。

在我的心目中，古巴中华总会馆不仅是华侨华人华裔的家园，也是我们古巴侨属远方的家园。

今天，我终于回家来了！

昨天见面时我送给会馆的“侨属远方的家园”纪念牌已摆放在大厅的长桌上。我再次感谢伍主席。这次访问古巴，他给我发来了亲笔签署的邀请信，为我们提供了方便。这几年，我和总会馆的西文秘书周卓明先生交往较多。他是中华总会馆前主席周一飞先生的弟弟，出生于哈瓦那，祖籍珠海市斗门县乾务镇。在古巴老侨和老一辈华裔中，中、西文水平数他最高，工作又任劳任怨，勤勤恳恳，所以在侨社威望很高。他每隔一两年就有机会带团回中国。前年在广州，我们曾经一起参观广东华侨博物馆，游览大学城，登“小蛮腰”广州塔，在五羊新城、万亩果园等处品尝广州美食……平时，我们保持着电子邮件的联系，伍主席的邀请函，就是他经手发来的。昨天午饭后，他匆匆赶往机场，奔赴北京出席世界华人社团大会。临行前，在乘车赶往机场的路上，他还不忘给我留下参观访问的指引。

礼堂周围，有办公室和三个小会议室。会议室陈设着整齐的红木家具，桌子上摆放着花瓶、瓷碟等纪念品，墙壁上悬挂着名人留下的书画。“华光永照”的牌匾特别夺目，那是会馆成立 100 周年时中国驻古巴大使馆送来的。我还注意到会议室地板的花阶砖和彩色玻璃窗，与广州老西关的装饰风格非常相似。伍主席对我说：“会馆里的每一件东西都是珍贵文物。”是啊，这是 120 多年的历史积淀，由几代华侨的血汗所凝成，这真是弥足珍贵啊！

告别主人，离开会馆时，回望那栋仍然高大而楼面却挂满“万国旗”的大楼，我的心情突然沉重起来。

50 多年前，会馆大楼就失去了“半壁江山”，两个楼层被卡斯特罗政府分配给市民居住了，中华总会馆被迫蜷缩在两个楼层里。当时的古巴新政权为什么可以这样无偿征用华侨产业？现在它即便愿意归还也已无力，因为古巴经济十分困难，没有房源可供占用大楼的居民迁出。但在未来适当的时候，是不是应该归还，并给予房租的补偿？这是一个有待后人解答的问题。但作为我们这一代人的责任，就是保护好这些文物。留住历史，才能对得起 100 多年来艰苦创业的华侨先辈。

寻访《光华报》

我到古巴追寻龙迹，其中重要的一项就是寻访名闻天下的《光华报》。中国人包括海外各地的华侨华人，尤其是史学界、新闻出版界，许多人都忘不了《光华报》。

我跟这张报纸结缘，始于50多年前。父亲侨居古巴小城，每天读报听广播，关心时事是他至关重要的一项生活内容。父亲每次寄信回来，除了亲切的家常话，还会讲一些所见所闻。他从报纸看到的新闻，主要来源于《光华报》。有时，他会给我们夹寄剪报。父亲1974年3月12月给儿媳妇的复信，讲述古巴医生的培养，夹寄医学生下乡服务的剪报就是来自《光华报》。而且，这份报纸还刊登过我父亲主持大沙华中华会馆举行的纪念抗日战争胜利20周年大会及发表讲话的消息，留下了他的事迹和音容笑貌。①

光華報 1974.3.7. 第四版

下鄉勞動高中生已復員

【本報訊】哈瓦那省高中學生九千多名，在是屆學期完成下鄉勞動，在馬比二省進行了七十天的砍蔗和莽產勞動之后，業已復員。

在全國其他省區的高中生同時在各農場進行了生產勞動之后亦已復員。

目前，哈省還有中級教育學生大部份是初中生，數字超過一萬四千名，將在農村工作到是月下旬方復員，預測是月廿五日出發下鄉的最后一批學生今年比對上年將必大大增加。

在是屆學期，全國學生和工作者下鄉進行農業生產的超過四萬一千名，在生產的同時，發展文化和體育活動，與整體培養的重要方面，有密切關系。

一批醫學生赴各省服務

【本報訊】哈瓦那大學醫學生四百〇七名，今日分赴各省，在衛生部各醫療服務機構中工作。

這批醫學生分配各省如下：比省三十名，哈省內地七十八名，馬省廿三名，拉省六十三名，卡省七十九名，東省北區七十九名，東省南區六十八名。

這些均是五年級的醫學生，將在各工作崗位上服務一個月。

>>黄宝世家信中夹寄的《光华报》剪报（1974.3.7） 黄卓才 收藏

总编辑赵肇商（文立）先生陪我参观中华总会馆之后，就带我去《光华报》社，那天是2014年6月4日上午。

《光华报》报社与中华总会馆只是一街之隔。80高龄的赵先生身材矮小，佝偻着腰，但行走相当敏捷。一边走，他一边用广东话跟我述说自己的经历和境遇。尝遍酸甜苦辣的老人，把侨团和报纸

① 详见本书第136页。

>> 报社的大门已经紧锁　寇顺超　摄

>> 尘封的排字房　寇顺超　摄

>> 陪伴了赵先生半生的老机器　寇顺超　摄

作为自己的归宿，投入了全部的精力和心血……

唏嘘中，我们已经来到报社门前——圣尼个拉街520号。

看门面，这是一间普通的店铺。高大的木门闭锁着。报社内部的情景，那台老掉牙的百年印刷机，那一排排古老的铅字盘，虽然我从照片上看过多少次了，但当赵先生推开大门，一片尘封的破落景象展现在眼前时，我还是感到巨大的震撼和针刺般的剧痛。

《光华报》创刊于1928年。当年左派爱国人士黄淘白来到了哈瓦那，创办《工农呼声》报，这就是《光华报》的前身。《工农呼声》报的宗旨是反对蒋介石的统治，支持中国革命。当时古巴处于马查多的独裁统治下，这份报纸只能秘密发行。后经几番坎坷，几度易名，1959年古巴革命胜利后，《光华报》才获得新生，并成为中华总会馆的机关刊物。刊头题字出自新中国第一代领导人董必武的手笔。

报社的内部结构有两层。一层是经理部、排字车间和印刷车间，二层阁楼是编辑室。荧光灯的灯光相当微弱，赵先生小心翼翼地领着我和小寇往里走。排字车间那些布满灰尘、缠绕着蜘蛛网的铅字仍在木盘里有秩序地静静躺卧着。据说，到了21世纪初，报社还有11位工作人员，每期印800份。他们大多是从各行业退下来的老华侨。都七八十岁了，每月工资仅相当于几美元。他们之所以苦苦支撑，是源于一份维护中华文化、维护侨社的情感。由于人手短缺，他们个个身兼数职，编辑、排版、印刷、派发，样样都干。

2009 年，美国堪萨斯大学摄影系主任刘博智教授曾经到访。他传了一组照片给我，其中一张是年近八旬的古巴西人粤剧名旦何秋兰女士正在检字排版的情景。当时《光华报》庆祝成立 80 周年后不久，报社只剩 3 个工作人员，印数也降到了 500 份。其后每况愈下，400、300、200，至 2012 年终于停刊。

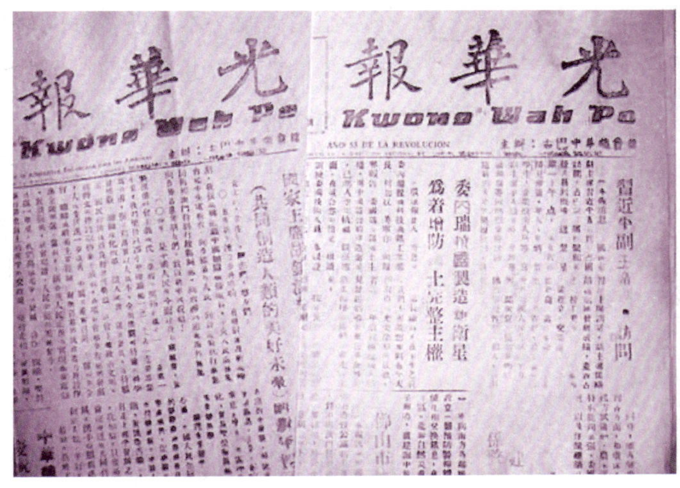

光華報
Kwong Wah Po

光華報
Kwong Wah Po

>> 著者收藏的 2005、2011 年的《光华报》

《光华报》不但有光荣的历史，它的内容也为华侨喜闻乐见。我手上还保留着 2005 年、2011 年的两份《光华报》，分别是古巴友人和国外学者送给我的。该报当年已改为每月出版两期。对开，分四个版，头三版是中文版，第四版为西班牙文。主要内容包括：中国要闻、古巴要闻、国际新闻、古巴华人社会动态、小说连载和侨社广告等。介绍中国的消息主要来自新华社、中新社和《人民日报》。

百般的无奈，无限的惆怅，我们在报社内徘徊。拍几张相片，立此存照，感慨一番，也许可以暂时消减内心的苦楚。

停刊的原因，是大家都明白的。首先，是资金短缺，虽有侨团和政府的支持，还有热心华侨游客的捐助，但毕竟杯水车薪，入不敷出。其次，是纸张难以为继。你知道古巴是非常缺纸的，人们以前排队买报，是因为看过之后还可以用来包东西。最后，最要害的问题是懂中文的老华侨只剩 100 多人了，留学生有两三千，但他们是不会看这张缺字掉字很多、繁体简体交杂、印得又很模糊的老报纸的。虽说有 50 万以上的华裔，但懂中文的极少。而能继续接手编辑、排版、开老平板印刷机的人，再也找不到了。

《光华报》的停刊，使它更具历史文物价值。年轻学者袁艳博士写出国内第一本古巴华侨史论著作《疏离与融合：华侨华人在古巴》，最重要的史料来源，就是在国家图书馆翻阅馆藏的《光华报》而获得。她还翻出了该报所载我父亲黄宝世在大沙华中华会馆纪念抗日战争胜利20周年大会上的讲话，让我丰富了纪实著作《鸿雁飞越加勒比——古巴华侨家书纪事》的内容。我想，无论是怀旧，或者是研究古巴华侨华人的历史、拉美和世界移民史，都离不开《光华报》。

这么一份大名鼎鼎的报纸，它还能复活吗？许多人都在思考，在期待。也许有一天，随着古巴政治经济和移民政策的“更新”，这个西方社会主义岛国会再一次向中国移民打开国门。若如此，新移民一定会运用最新的科学技术，把复刊的《光华报》办成一份现代化传媒。

访问黄江夏堂

我是以挚诚和感恩的心情，携眷访问古巴黄江夏堂的。

古巴黄江夏堂不仅是我们黄氏的一个社团组织，而且是父亲生前一个互助互帮、信息交流的驿站，一个旅行休憩与兄弟共聚共乐的港湾。

在父亲的家书中，多次谈到他去哈瓦那黄江夏堂和中华总会馆。

> 我四月份往湾京一行，便中访候许多旧友和兄弟。在黄江夏堂住了几天，在长谈短论中知道黄传丁先生住在广州市。我将他地址夹上，你如有时间许可，你按址前往拜候，同时请他指示关于回国手续如何办理较为善后和迅速，求他帮忙一点。传丁先生历任古巴中华总会馆财政一职，素来与使馆和各有关部门成员感情甚深……

这是 1962 年 5 月 10 日寄广州市龙津西路逢源沙地一巷 15 号家中的航空信中的一段话。父亲在黄江夏堂一住就是“几天”，便中访候“许多”旧友和兄弟。可见他到这里来，就像回家一样惬意，也可见兄弟情谊之深厚。父亲或因大沙华中华会馆事务，或因个人的需要，不时会到哈瓦那去。每到此地，最喜欢住黄江夏堂，探访旧友和同乡兄弟，或者拜候中国驻古巴大使馆的官员、中华总会馆的会长和干事……在异国他乡，能忙里偷闲，与三几老友长谈短论，浅斟小酌，也是人生一乐了。

>> 古巴黄江夏堂 黄卓才 摄

黄江夏堂坐落在小龙街(Dragones)414 号，与洪门总部相隔不远。步行几分钟，一座修饰一新的浅红色大楼就矗立在我们面前。正面墙上“黄江夏堂” 几个金黄色大字十分醒目。一楼的红色塑料雨篷也是新的。整栋大楼的新象与哈瓦那华人街一般建筑的残旧失修形

>> 黄家年轻嫂子（右二）的面孔已经西化
中为黄锦芳主席 小子 摄

成鲜明对照。在“黄江夏堂”字样的两旁，还有1914、1946的标记，它显示着这个社团创建于1914年，已经有100年的历史；而本楼兴建于1946年，当年正是古巴华人的黄金时代。

黄锦芳主席祖籍台山，她能听、讲台山话，广州话也讲得很好。她带我们来到大楼门前，与华裔老乡聊了一会，然后走上二楼。二楼大堂里，陈设着黄氏先祖的神位和祖训、墓地山形图，充分显示出后辈对祖先的敬仰。我早些年在访问美国芝加哥黄江夏堂时，也看到这样的陈设。这是许多海外黄江夏堂的共同特点。在国内，经过“文革”“破四旧”，祖宗神位和祖坟山形等资料反而很难见到了。在这里，我与我的儿女再次重温了《黄氏祖训歌》：

骏马登程出异疆，任从到处立纲常。
年深外境犹吾境，日久他乡即故乡。
日夕莫忘亲命语，晨昏当荐祖宗香。
但愿苍天垂庇佑，三七男儿永炽昌。

慎终追远，尊宗敬祖是中华古训，是黄氏家族的传统。我们今天来访，重温祖训和黄族发展史，接受血统和“根”的教育，很有意义；特别是对于移民海外的儿女，以及在海外出生的孙辈，更有必要。

传说黄姓始兴于轩辕黄帝，历史悠久。黄氏祖先的发展过程中，表现了可贵的开拓精神。据专家研究，当初黄氏人由华北燕山地区一个崇拜黄鹂鸟的狩猎小氏族向东南远徙，后来异军突起，成为地位很高、势力很大的黄鸟氏族，并建立了黄国。黄国被楚灭亡后，又南征北战，演变成秦汉时期著名的江夏黄氏。公元951年，邵武大始祖黄峭山分家，送子出征。这位伟大的黄姓先祖说：“池内之鱼，远逊云间之鹤。好男儿不必恋此一方故土，而应志在四方，放眼天下！”在习惯于农耕社会儿孙绕膝，“父母在，不远游”的古代，这是非常先进的开放观念。正是这种勇于开拓的精神，使黄峭山的子孙从邵武走向闽粤，散布南国大地；也正是这种开拓精神，鼓舞着无数炎黄子孙从东南沿海地区走向海外，将黄姓人的种子撒播于全球各地。正因为如此，世界的每一个角落，有华人聚居的地方，大抵都可以找到姓黄的人，或者还能找到黄江夏堂。我们台山四九镇上朗乡永隆村一个小村子，20 户人家中就有 12 户是侨户，我的家庭今日发展成为一个跨国家庭，应该与祖先勇闯天下的基因有关。特别是父亲，1925 年前往古巴时，乘坐的还是普通汽船，漫漫航程一个多月，茫茫大洋上风云变幻，惊涛骇浪，船上饮食卫生条件甚差，旅途中生病乃至死亡无可避免，但从未听他说过一个“怕”字。

>> 黄江夏堂里的老祖宗像和祖坟山形图　小戈　摄

>> 厅堂里展示着许多历史图片　小戈　摄

“天下黄姓出江夏，万派朝宗江夏黄”，江夏是海内外黄姓裔孙公认的最早的和最著名的总郡望和发祥地。这是汉代黄族南迁过程中的一个最大的聚居点，位于长江中游南岸，湖北省东南部，素有“楚天首县”之美誉。1995 年经国务院批准撤县设区。现为武汉市新型城区。据网上资料描述，这儿风光旖旎，人文荟萃。三分山，三分水，三分地，一分家园，龙泉山云遮雾绕，梁子湖秀水涟漪。古赤壁金戈铁马，明王陵气势恢宏，中山舰名扬四海，江夏黄遍及五洲。这块宝地得山而灵气，拥水而隽美，蕴藏着丰富的历史文化内涵。《天下黄姓江夏祭》即是我国非物质文化遗产宝库中的一项民俗文化瑰宝。“江夏”二字最早见于《楚辞·哀郢》：“去故乡而远兮，遵江夏而流亡。”自汉高祖元年置江夏郡以来，已经拥有两千多年的悠久历史和灿烂文化。在这里，涌现了黄歇、黄香等历史名人。

黄主席介绍本会馆的情况，我们瞻仰了1946年重建本楼捐款人的名表和照片。她指着一张照片自豪地告诉我，这就是她的父亲，这座大楼的主要捐建人之一。

环顾厅堂，虽不算大，但布局合理，摆设精当，电灯一开满眼辉煌。二楼的大部分，辟为餐厅，据主席说，餐厅让人承包，每月收入颇丰，足以维持会馆的日常开支和维修费用。

照我所知，古巴政府对华人社团还是有所关照的，其中一项就是允许他们利用会馆的场地开餐厅，所以除中华会馆外，其他社团基本都有自己的餐厅。

我明白了，正是经营有方，在哈瓦那中国城的房子普遍破旧的情况下，黄江夏堂大楼却特别光鲜。

我们到达的时候，是餐厅的休息时间，不便进入。向里面望去，看见餐厅台椅和屏风等都是上好酸枝，都是珍贵的华侨历史文物。

>> 敬赠“阿湾连江夏　浓浓宗亲情”纪念牌　黄鹄　摄

我从广州带来一块纪念牌，上书“阿湾连江夏　浓浓宗亲情”。趁这个机会，我们再次举行了一个简单的仪式，把纪念牌交给黄锦芳主席并合影留念。

作客天坛饭店

我到中国城作客，除了想一睹颇负盛名的天坛饭店的风采，主要是看望我的知音读者陶炎，见见他的妹妹陶琦和妹夫李荣富。

天坛饭店位于哈瓦那“中国城”内。“中国城”其实就是哈瓦那“华人街”区中的一条狭窄的、只有300米长的小巷。1994年，古巴政府为了振兴华区，吸引游客，发展旅游业，搭起了“中国城”的牌楼，允许执政初期曾经一律被取缔的私人餐馆在这条小巷里重新开张。听说当时一下子就开了十多家，但到现在还能坚持下来的只有五六家。

>>哈瓦那中国城 小子 摄

从“中国城”牌楼处往里走，经过“广州餐馆”“大龙酒家”“东坡楼”等，“天坛饭店”的招牌就赫然在目。据说，天坛饭店有30多位古巴小伙子及年轻姑娘服务员，他们穿着“唐装”和“旗袍”能讲简短的中文，中国客人来了，就用中文打招呼：“你好！”“请进！”流苏装饰的大红灯笼高挂着，酒肉菜肴飘香，穿着红色绸缎旗袍的古巴美女笑颜如花……这真是一道诱人的风景线。可惜，我们到达时已经过了午饭时间，店里没有客人。

我和陶炎成为朋友，是七八年前的事。

2006年春节，我读到《广州日报》刘旦记者前往哈瓦那采访天坛饭店的长篇报道，觉得陶琦在新移民中很有典型性。经征得记者同意，我就把这篇报道收入我的《古巴华侨家书故事》书中。该书出版后不久，忽一日，收到读者陶炎从上海打来的电话。他热情地告诉我，古巴海归“三环路上的幽灵”（网名，真名朱霖）把我的书推荐给他。他读了，很震撼……

我们谈了很多，彼此都舍不得放下电话。

事后，我打开“古巴留学生”网站，看到“三环路上的幽灵”的推介和留学生家长寻书的信息，看到陶炎以“加勒比海游客”网名写下的读后感：

……看这本书的时候，我在火车上，我几乎要当着别人面，莫名奇妙地流下眼泪。以前算命的人说我要到41岁才开始成熟，如果年轻时，我会翻几页就去看别的书了，体会不到字里行间流露出来的那种震撼人心的情感，现在经历过的地方和事情多了，开始有所感悟……这不是小说，是一个普通华侨从1952年开始，直到1975年客死异乡，给家人的40多封平常书信，人性中所有的优点都在字里行间以巨大的震撼力显现了出来，太平常了！太不平凡了！实在是难以吞咽这种感觉。我觉得这本书很值得推荐给成长中的人们看看。这是一本人性教育的好书，如果父母没有时间、精力和孩子交流，如果孩子还在怨恨父母，如果有人在感叹命运和现实的不公，请看看此书……

>> 与陶炎（右二）聊天　小幺　摄

>> 天坛饭店的招牌　小幺　摄

陶炎这段话写得真好，我被他感动了。后来有人说他是我的“粉丝”，我的确将他引为知音。

之后，建立了电子邮件联系。我得知他与古巴女子结了婚，有了孩子，他自然也成了新移民。我们不时交换信息，交流观点，慢慢地就有了一个共识——古巴华侨前辈的历史很辉煌，但现在老侨社会已经衰落，濒临绝境，我们的责任是要为尽快抢救古巴华侨史出力。

他想邀请我去古巴访问，想请做电影的朋友把我的家书故事拍成电影，想把我的书译成西班牙文在古巴出版。他已经着手了，翻译开了个头，可惜因孩子小，工作太忙，西班牙文文字功力上也略感不足，没有办法坚持译下去。但是，我已经充分感受到他的古道热肠……

现在，我们终于坐在天坛饭店面对面聊天。这虽然是我们相知相识后的第一次见面，但是都有“酒逢知己千杯少”的感觉。在一杯浓浓的古巴咖啡的香气中，我们足足畅谈了三个小时。他现在有更多鲜活的想法，比如，哈瓦那已经有三四十个新移民了，他们不想加入老社团，那么，是否可以建立一个新移民的互助团体呢，怎样建立？又如，中国游客有自己的特点和要求，如果倡导“追寻华人踪迹”的主题旅游，是否可以协助古巴政府更好地吸引中国游客，等等。我们谈得很投机，有许多想法不谋而合。

这次作客，我有机会与陶琦和她的古巴丈夫李荣富聊天，加深了对他们和他们经营的天坛饭店的了解。

>> 陶琦向著者讲述她移民古巴的感受 小幺 摄

天坛饭店的创办者是陶氏兄妹的父亲陶锦荣先生。听说他原是个上海画家，退休后奔波在东欧国家和南美地区做生意。1994 年他来到古巴首都哈瓦那旅游，当时古巴比现在还穷，正在试水经济改革。精明的陶先生以特殊的敏感，看到了古巴的发展前景——淳朴的民情，原生态的环境，让他很快爱上这块土地。他住了下来，广交当地朋友，找到上层关系，尝试着开了这家饭店。他悄悄打破了古巴政府开放私营餐厅初期“只准六张桌子，雇佣的服务员也只能三到五名”的限制，还扩建成上下两层。以前广东人经营的饭店早已消失了，现在“广州饭店”“东坡楼”等，都由土生华裔接手，“广味”自然不再。“天坛饭店”又以高薪从上海请来厨师。于是，就可以号称“唯一由中国人经营”“真正中国味”的饭店。古巴高层官员、中国使馆的官员又喜欢来这里吃饭，人气自然旺起来。

后来，陶琦和丈夫李荣富顺理成章地接替老爸陶锦荣当起了老板。按照现行古巴法律，只有古巴人才有资格兴办饭店。李荣富是古巴华人，也是古巴武术学院院长和国际武术联合会副会长，培养学生数千人。他参加过 2008 年北京奥运会的武术表演，几乎每年带团参加国际武术比赛，在哈瓦那颇有名气。这样，天坛饭店的合法性毋庸置疑了吧？不，古巴的改革是小心翼翼的、瞻前顾后的。2005 年，卡斯特罗曾经发表演说，对是否应该让个体经济复苏提出质疑。据说就有古巴人到外交部门外去抗议天坛饭店的发展。他们质问，古巴是社会主义国家，怎么可以存在私营经济，为什么只给中国人这个待遇？……陶锦荣的政府公关虽然成功，打“擦边球”的技巧也相当高，但是，他心里还是忐忑的。所以经常提醒女儿女婿，要做好饭店最后被收回的准备。“谁是饭店的老板？不是你，也不是我。”在古巴做生意，更要“摸着石头过河”，我理解陶老

>> 李荣富（右二）、陶炎（左一）与我们父子合影留念 小幺 摄

先生的话。

李荣富忙着自己的事情，经常不在饭店。但我们运气很好，他带着两位北京请来的武术教练回来了，我们见了一面。

天坛饭店已经成了新移民成功范例。据报道："每天来天坛饭店用餐的顾客不下二百人，周末的生意更好。这里的客人来自世界各地，一些西方游客到哈瓦那旅游，手里捧着旅游手册按图索骥找到天坛饭店品尝正宗的中餐。古巴政府官员有时到这里用餐，卡斯特罗也曾光顾，外国使馆也喜欢到天坛饭店宴请客人。凡是来哈瓦那旅游访问的中国人，包括国内来的代表团和中资机构常驻人员，都喜欢到这里吃饭。饭店每年最忙的时候是2月14日情人节这一天。每逢此时，饭店内外挤满了顾客，排队等候就座，品尝地道的中餐。"还有游客说陶琦早已成为穿金戴银、拥有名车别墅的富婆。我与陶琦和她丈夫的交谈中，感觉到他们对自己事业的发展的确非常满意，对未来的前景充满信心。

随着古巴与美国复交，古巴的大门必将进一步打开。我与陶氏兄妹和李富荣院长有一个共同的愿望：在不久的将来，大批中国移民将再聚古巴，再聚哈瓦那中国城、华人街。

入住哈瓦那家庭旅馆

在哈瓦那，我们决定选择入住私人旅馆，一来省钱，二来可以了解古巴开放改革的动态。

订房的事情请寇顺超博士去办。他经常接待中国来客，积累了丰富经验。果然，他办得非常出色。老板开价一间房每天30红比索，小寇与老板一番讨价还价，减到20红比索。于是租下三间，一天共花60红比索。如果住国营星级酒店，是要花300红比索的。

这家旅馆就在中国城附近，Aguila街361号，步行到中华总会馆和洪门民治党总部仅需10分钟。馆舍设在一栋私人住宅的二楼，总面积约有200平方米，包括四个房间，一个阳台，一个有电视、电话的客厅，一个整洁的厨房和小巧玲珑的天井花园。房子是卡斯特罗革命前的建筑，装修和陈设的风格，包括地砖、天花、门窗、桌椅等，都让我觉得与四五十年前的广州西关老城区非常相似，它又像现时我家乡台山县城的老街，所以觉得特别亲切。房间是小一点，电灯、洗手间设备是差一些，但还勉强凑合。床铺、被褥则实在不敢恭维。三个房间的床都不一样。1号房是木架床，3号房是古董大床；我和太太住的2号房，床是用木头搭成的，沙发床垫凹凹凸凸。如果在广州，这样的床垫早三四十年已经扔垃圾了，但老板居然还用来招待国际游客。古巴因为物质匮乏，什么东西都舍不得扔，像中国以前一样“修修补补又三年”。要论环保，古巴肯定是世界第一了。家长若想对孩子进行“艰苦奋斗”的教育，古巴真是最好的课堂。小寇说，如果住国营的三四星级酒店，也好不到哪里去。皆因古巴长期遭到美国封锁，资金固然是奇缺了，连水电维修的材料也相当匮乏。

>> 私人旅馆装饰一新
黄卓才 摄

老板 L Aazaro y Yaguelin 知道我们从中国来，热情有加。聊天中，得知他是荷兰移民的后裔。房子是不久前花了八万美元买的，装修又花了几千美元。请了两个工人，就开张营业了，生意不错。但他告诉我们，不想长期做下去，如果有人接手，他会卖掉。问他为什么，他说是担心政策有变。

>> 客厅的陈设让我们觉得像回到开放改革之前的广州西关　黄卓才　摄

回顾古巴历史，的确是令人心有余悸，他的担心也许不是多虑。据史学教授程映红《“革命攻势”——古巴的“文革”和“大跃进”》一文[1]记载，1968 年 3 月 13 日，卡斯特罗在哈瓦那大学发表讲话，并向全国实况转播，宣布革命的下一个目标是向小贩宣战。他先公布了一个关于街头小贩的调查报告，结论是绝大多数的小贩都是反社会、反道德的，他们要为古巴的经济困难和多数人生活物资的匮乏负责。小贩们的罪恶是：不参加革命组织，不参加义务劳动，利用摊贩非法营利等。卡斯特罗说“革命不是为了做生意的权利，古巴必须消灭所有私人商业的形式”。演讲还在进行中，古巴的“保卫革命委员会”和民兵就已紧急行动起来，以迅雷不及掩耳之势扑向私人小店和街头摊贩，没收他们的财产。在这场打击和取缔私人商业的运动中，一共有 57 000 多个私人产业被没收。其中华侨华人的商店、小工厂、小农场等私营企业 3 000 多家，我父亲在比亚克拉拉省大沙华市的杂货店，就是其中之一。

历史告诉卡斯特罗，他说错了，他的政策错了。只有清一色国营企业的古巴终于陷入破产的边缘企业。2011 年的古巴共产党召开

① 《二十一世纪》杂志 1998 年 12 月号。

“六大”，他的弟弟劳尔·卡斯特罗上台，要挽救古巴经济，决定裁减100万国营企业员工，同时给私营经济松绑。劳尔在党代会上说，这次会议是“纠正党在社会主义建设中所犯错误的最后机会”（据新华社2011年4月21日报道）。会后，300多项“经济模式更新”措施陆续出台。

至2014年春夏间，已有47万人登记为个体户。个体户开业数约35万，雇工人数10万以上。这是官方的数据，实际个体经营者远远不止这个数目，也许达到100万人。占古古巴总劳动力600万人的1/6。个体经营首先发展的是服务行业的餐饮、旅业、出租车、工艺品店和摊贩等。家庭餐厅、私人旅馆、导游、出租车、理发、咖啡店、缝纫店、比萨饼店、跆拳道教练、DVD商贩，乃至可以向游客拉生意的擦鞋、马车等可以收取到红比索的行业，是最早的致富之路，受到个体户的青睐。

有的人兴高采烈，勇往直前，也有的人战战兢兢，瞻前顾后。

记得中国改革开放初期，很多个体户掘到了第一桶金，但心里总是忐忑不安，害怕政策一变，赚到的钱会飞走。从古巴历史看，开放改革（他们称为“调整”“更新”）政策的确不是那么稳定，遇到阻力或问题就会退缩，店主老板的顾虑也不是空穴来风。就像政府近期下令私营电影院关门，就令人不解。

>> 私人旅馆里的小花园 黄卓才 摄

忧虑归忧虑，老板还是很卖力的。次日我起了个大早。第一个发现就是店主提了个篮子，轻手轻脚地开了门，下楼采购去了。我真想跟踪，看看他是怎样采购的，因为牛奶、面包、水果在国营商点都是货架空空的，不可能供应私人企业。

我最喜欢这家旅馆的天井小花园和阳台，还有那个能弄出美食来的小厨房和小餐厅。

小花园在楼层中央，可以仰望蓝天。种了许多盆栽花卉，几张欧式风格的白色镂花铸铁台椅也油漆一新，看得出老板是花了心思和成本的。你知道，在古巴要买一罐油漆也不容易。既然有这么好的环境，为什么不好好享受一番！坐在这个小花园读读海明威的《老人与海》，写写旅游日记，听楼上人家养的小鸟唱歌，等候甜睡的小孙女醒来，或者与家人一起聊天，都是非常惬意的事。最可惜的是带去的笔记本电脑和手机都无法接收新闻。也好，我们从烦嚣的广州大都市来，难得在这里放松几天，如《桃花源记》所说的："不知有汉，无论魏晋。"

一个小时后，老板采购回来了，满篮子的食物，让我们喜笑颜开，老板娘起床了，我的"团友"也醒来了，小寇博士还带来了他的女朋友。一屋子的人，让这个小旅馆一下子热闹起来。

不一会儿，早餐弄好了，老板招呼我们入座。美食依次上台，烤面包、鲜榨的橙汁、苹果和香杧果、煎蛋，色香味俱全。

一顿高质量的西式早餐，我们尽情享受了店主人的热情款待，合拍了多张照片留念。

这个早餐每人消费 5 个红比索，值。

>> 老板夫妇为我们端上丰盛的早餐　黄卓才　摄

乡镇风情录

奔赴大沙华（Sagua la Grande），经过两个省的广大农村和十多个小镇，我有机会领略了古巴乡镇的风情。

我们是从巴拉德罗自驾车出发的。从租车公司租来两台轿车，车夫（驾驶员）由小窝、小子和小寇轮流担任。小窝、小子两位车夫都有丰富的驾驶经验；小寇虽是新手，但懂西班牙文而且熟悉古巴人情风俗。

从巴拉德罗到大沙华，有两条公路可走：一条是经哈瓦那到比亚克拉拉省省会圣克拉拉，全程480千米，其中有300多千米的中部干线高速公路，路程远但路况较好；另一条是名为“何塞·马蒂”的北部沿海公路，属于省级公路，两车道，路况较差，但全程只有180千米。我们选择了后者，除了舍远求近之外，还有极具诱惑力的一点，是这条省级公路经过两个省的农村乡镇，这是我们深入观察古巴社会的大好机会。

>> 热情迎客的乡镇马车夫 黄雅凡 摄

6月上旬是古巴旅游淡季，这是由于它以欧美游客为主要客源之故；但对于我们这个跨国家庭访问团来说，却正是黄金季节。是日，太阳起得很早，天蓝云白，凉风轻拂，温度22摄氏度左右，正是出行的良辰吉日。我们的车子经过卡尔德纳斯（Varadero）、马克西莫·戈麦斯（Maximo gomeez）、马蒂（Marti）

等镇。这些小镇虽说是县城或区镇一级，但人口一般不超过十万人。所以，不像中国县城那样人头涌动。

>> 加拿大游客乘三轮摩托游小镇 黄卓才 摄

车子很快驶进卡尔德纳斯。据网上资料介绍，卡尔德纳斯是一个港口城市，马坦萨斯省所辖县区之一。该城建于 1828 年，1841 年铁路通过，刺激了它的发展。20 世纪初成为重要蔗糖集散地和输出港口。现有十万人口。城区有不少狭窄街道和广场，其中包括哥伦布广场。西班牙女王伊莎贝拉二世赠送给卡尔德纳斯城的哥伦布铜像于 1862 年就在这里揭幕。听说此城有很好的“泥浴”保健旅游服务。但我们赶路心切，无暇光顾。我们见到有加拿大老人来到这里旅游，乘坐马车或者三轮摩托车在镇子的小巷里转悠，似乎非常享受。前几年，我的一位美国教授朋友来古巴，进入城镇感到有许多眼睛在监视他，他甚至不敢在街上拍摄。现在好了，你无论走到哪里，都呼吸到自由的空气，人们对外国游客非常友好。出发之前，古巴驻广州总领事跟我说：“你可以随便拍照。”果然。

第二站马克西莫・戈麦斯，也是马坦萨斯省所辖区镇。马克西莫・戈麦斯意为“一月一日”，有点特别。我们车经此城，遭遇公路维修，无奈只好绕道。轿车驶入狭窄的街巷，常常与马车、自行车，行人相遇，只能小心翼翼地慢速前进。因为在街巷穿行，我们与小镇有机会零距离接触。总体感觉，交通、商业不太发达，居民生活相当贫困。古巴共产党“六大”后，陆续推出各项改革措施，允许个体经营，城乡经济比以前活跃，但国营职工和机关干部的低收入状况并未改变，平均工资折算起来每月只有 20 多美元。居民计划供应指标不断缩减。我上个月在广州接待的八旬华裔革命老人吴帝胄告诉我，他住在哈瓦那郊区一个小镇，每月凭证供应的生活必需品只剩下列几项：大米 7 斤、面条 1 包（1 斤）、白糖 3 斤、黑

>> 小镇交通景象一瞥 黄卓才 摄

糖1斤，油3两（3/16斤）、鸡肉1（约454克）、咖啡1包（3两）、火柴1盒。以前凭证供应的一些东西，如豆、鸡蛋、肥皂等都没有了。在这样的情况下，居民的生活怎么样呢？就我们沿途所见，古巴乡镇男人都显得比较壮实健康，妇女的穿戴也追求时尚。完全看不到面黄肌瘦、衣着褴褛的现象，过于肥胖的人也不算太多。古巴人性格开朗，知足常乐，他们的生活比前些年要好，政策允许做个体小生意之后，居民可以想办法赚钱。有了钱，就可以在自由市场上买到东西。还有一部分人，他们有亲人在美国或南美，有侨汇，也可以过上比较好的生活。总之，就像我们中国改革开放初期，人们千方百计广开门路赚钱，正所谓“八仙过海，各显神通”，日子慢慢地好起来。当然也还有穷苦的人，主要是老人、缺乏劳动力和致富门路的人。比如我上面所说的八旬华裔革命老人，每月的退休金只有91个土比索，折算起来3.64美元。相对于古巴人约为20美元的平均工资，这位老人是比较穷的了。

>> 小镇图书馆管理员为远方来客找书 小子 摄

车子继续前行，一路上风光无限。不时可以见到原生态的旷野和森林，还有大片大片荒废的良田，或尚未开发的可耕地。偶尔有几只黄牛和马匹悠悠闲闲地在野地里吃草。古巴不是蔗糖之国吗，不曾经是“世界糖罐”吗，古巴人不是粮食要靠进口吗，为什么会出现这种土地荒废的现象？我在网上看过一些报道和游记，一般的解释归罪美国的长期封锁，致使生产资料（机械、化肥等）缺乏。不过，我们这代人经历过合作化、人民公社，也了解国营厂矿企业的大锅饭模式，知道什么叫作“做也三十六，不做也三十六”。古巴一方面进行“经济调整”，另一方面又要“坚持计划经济”，个中的矛盾不言而喻。我相信古巴朋友迟早会知道该怎么办。2015 年 11 月，古巴侨领周卓明先生告诉我，古巴农民的工资提高到每月 1 000 比索。这个消息令我非常吃惊，有点不敢相信。因为此前我所知道的最高工资是 600 比索，那也是为了减少偷渡而优待医生和教授等专业人才的。

中途休息，车经科拉利约（Corralillo）镇，我们发现一间屋子门前插着国旗，里面摆放着不少书柜和图书。有六个人在办公，一色的“金花”，衣着光鲜，打扮时尚，看不出是乡下人。下车一问，果然是一个图书馆。我们虽是不速之客，但主人一点也不见外，与大城市人一样大大方方欢迎我们进去参观，在接待“外宾”方面似乎训练有素。馆内藏书相当丰富，虽然以旧书为主，新书不多。但作为一个乡镇，我觉得已经很不错，比我们中国很多农村小镇的文化氛围要好得多。我通过小寇翻译，问有没有中国的书籍。一位年纪较大的管理员说好像有，就到“亚洲图书”书架区去找。因为还没有电脑检索设备，查起书来不太方便。查了好一会，结果令人失望——竟然找不出一本中文书。但她说，大萨瓜有，叫我们到那里去找，并说那里还有博物馆。

不到半个小时的相处，金花们就跟我们熟络起来，与我们合影时脸上都充满友谊和阳光。一个小镇的图书馆，六个人来管理，工作当

>> 小镇运动场上正在进行棒球比赛　黄卓才　摄

然相当舒服啦！慢节奏，轻强度，把工作作为一种享受，这一点，也是古巴特色吧。

车到 Quemado de gumes 镇，远远看到有一个绿色围墙的大运动场。大概有什么重要比赛吧，彩旗飘扬，人头涌动。渐近，见到入口处摆着桌子在售票，人们正在买票进场。附近还有一辆漂亮的营业马车以及好些观众的摩托车、自行车……古巴也是一个举国体制下的体育强国，政府重视体育，大力投资，在全国城乡兴建了上万处体育场馆。一些规模较大的体育场馆已经装备了先进的训练设备，走上了现代化之路。古巴建有 30 多所中、初级体校，还有一所高等体育学院——哈瓦那法哈多高等体育学院。2000 年又创建了一所国际体育学院，可容纳 1 500 名学生，现有来自 50 多个国家的近千名师生在此研读。棒球是古巴国球，一个人口只有 88 万人的奥尔金省，就有棒球场 300 多个。我们一家人都是体育爱好者，小戈、小子都是羽毛球运动员和教练，我和太太年轻时分别是排球、划艇运动员。对于古巴的体育强项，我们早已耳熟能详。身材矫健、弹跳如簧的古巴女排，更是我心目中的“女神”。如今，古巴的群众体育运动怎么样了？在这样相当偏僻的小镇，会有什么像样的比赛吗？专业的敏感加好奇，我们决定停车看看。

>> 我们是最受欢迎的观众 黄卓才 摄

来到入口处，售票员也许看出我们是中国人，马上起立迎客，说话加手势让我们免票入场。进入看台，我向运动场内放眼一望，原来是一场箭在弦上的棒球赛。早已听说古巴棒球了得，历来是世界棒坛劲旅，1992 年奥运会古巴在棒球决赛中击败美国，夺得了奥运史上首枚棒球金牌。在随后的 1996 年和 2004 年又获得金牌，2000 年、2008 年获奥运银牌。另外还拥有 25 次世界杯冠军、11 次洲际杯冠军以及 2006 年经典赛银牌等数不清的辉煌战绩。古巴棒球被誉为“红色闪电”，只要提到棒球，那绝对是与雪茄齐名，足以代表古巴的象征与精神。但由于体制的局限，经济收入差距太大，美国教练“挖角”，古巴顶级棒球明星“外逃事件”陆续发生。曾在国际棒球总会全球棒球排名中长期勇冠第一的古巴，2013 年掉到了第三位。为此，古巴政府于该年底宣布一项重大的改革措施，允许棒球运动员参加外国职业联赛，收入除纳税外归个人所有，这就大大调动了运动员的积极性。

我们在看台上有意向观众靠近。一位运动员和教练模样的古巴男子热情地跟我们介绍赛况。他身穿的队服和鞋子看来质量都很好，手戴的金表闪闪发亮，一个乡村运动员的行头令我颇感吃惊。合照时，他竖起大拇指，有意显示他的金表，一副友善和自豪的表情。难道他就是藏在古巴民间的体育明星？……

在兴奋和猜想中，我们已经看到了大沙华标志。

我们三个“车夫”，分别持有加拿大、中国和古巴驾照，从未有人查问，一路通行无阻。

大沙华：广府华侨的乐土

大沙华，古巴比亚克拉拉省（华侨称之为生省）的第二大城市，曾是一个非常兴旺的广府华侨聚居地。从19世纪50年代的“猪仔”华工时期起，到后来的自由移民，直至2008年最后一位老华侨、祖籍广东佛山市南海区的关碧英女士在此去世，150多年间，几千广府华侨在这里谋生、生息、繁衍。

大沙华这个远方的美丽县城，对我来说，更是心中的精神圣地。因为我父亲在那儿侨居了50年，1975年终老于斯，给子孙后代留

>> 到啦，大沙华 寇顺超 摄

下了永远的思念。大沙华可以说是我的异国故乡！

遗憾的是，它至今还不大为人知，许多侨属也不了解他们的祖先曾经侨居此地。我觉得自己作为大沙华侨领的后人，有义务为广大侨属、为古巴华侨史研究、为有意探索古巴内地人文历史的游客，揭开它的神秘面纱。

筹划多年之后，我终于有机会前往探访了！

大沙华的西班牙文名字是Sagua la Grande，音译萨瓜·拉·格兰德，在中文版的古巴地图上标为“大萨瓜”。“大沙华”是华侨的译法。“大萨瓜”用普通话念起来容易误听成“大傻瓜”。还是广府华侨聪明，翻译出一个好雅的名字。

2014年6月5日，我和家属由导游兼翻译、在哈瓦那大学留学的寇顺超博士带领，一行七人，开着两台自驾出租车，来到了大沙华。

大沙华位于古巴中部北海岸，濒临大西洋，风光秀丽，气候宜人。按照百度百科网上不多的资料，它的面积661平方千米，人口5.7万人（2004年统计的数据）。并说它是“1812年建城，1842年设县，下设几个街区：巴伊雷（Baire）、钦奇拉（Chinchila）、东部（Este）、诺达尔塞将军（General Nodarse）、伊莎贝拉（Isabela de Sagua）、胡马瓜（Jumagua）、马尔帕埃斯（Malpáez）、西部（Oeste）、小村庄（Sitiecito）”。但我查阅法国人主编、北京当代世界出版社2001年出版的《百地福旅游指南：古巴》，却说是“1590年，阿隆索·塞佩达建立了大萨瓜城。”比

>> 雅凡一家四口同访大沙华 2015

1812年的说法早了222年。究竟谁是谁非，我手头没有更多资料可供考证。按分析，法国人的说法可能比较合理，因为它建城肯定比省会圣克拉拉早，只是由于近海，常遭海盗骚扰，城市发展才向内陆迁移的。百度百科说“该城较好保留了历史文化古镇风貌、街上车辆较少，环境非常宁静宜人”，得到笔者的见证。

也许很多古巴侨属都和我一样有个疑问，当年的华侨为什么要跑到这个小地方来呢？多次到此调研的美国布朗大学拉美族裔中心主任、古巴华侨研究专家胡其瑜教授告诉我：“不是小地方，是好地方啊！”

是的，大沙华虽然行政上是个县城，但它是比亚克拉拉省的第二大城市，在世界上的著名度相当高。原因首先是丰饶富庶的鱼米之乡。大沙华有一条河经市区流入大西洋，它就是萨瓜河。附近三角洲土地肥沃，物产丰富，该城自然成为农、畜产品的集散地和加工中心。工业也曾比较发达，古巴革命胜利后，首任工业部长切·格瓦拉曾在这一带办了许多工厂。制糖、冶金、化学、酿酒、纺织、罐头食品等都是这里的强项。这里又曾是铁路枢纽，有机场和国际大港口。外港伊萨贝拉载入世界航运图，大西洋驶来的海轮可以驶进。内港叫作大萨瓜港，早前大型海轮可循大萨瓜河上溯到这个内

林颜（约摄于102岁）

中年的林飞龙

林飞龙代表作《丛林》

>> 均为资料图片

港。大沙华离省会45千米，离海口24千米，商业贸易发达，是古巴西北部地区的经济重心。同时它还是一个战略要地，与一海之隔的美国的迈阿密相距不到200千米。1962年古巴“导弹危机”事件中，苏联曾在这里部署针对美国的导弹，此事一时震惊世界。

大沙华之所以名声在外，还因为出了一位世界级的画家，他就是与毕加索亦师亦友、被称为“第三世界超现实主义艺术大师” 的华裔画家林飞龙。据曾长生所著《林飞龙》[①] 一书记载，林飞龙原名威弗雷多·奥斯卡·德·拉·康塞普西翁·拉姆·伊·卡斯蒂利亚（Wifredoó scar de la Concepción Lam y Castilla），拉姆（Lam）就是中国姓氏的“林”。林飞龙曾在哈瓦那大学攻读油画，然后到西班牙深造。西班牙内战爆发后游历法国，结识毕加索和安德烈·布勒东等世界级名家，受到毕加索的赏识。他还到过美国、瑞典、墨西哥等国，1942年回到古巴，其画作以超现实主义与立体派的技法融合西印度群岛的宗教及神话，内涵丰富耐人寻味。《亚当与夏娃》《达巴拉的阿巴拉契之舞，唯一的神》《丛林》《聚会》等名作均以原始森林为素材，充满象征意味。《丛林》是他的代表作。

林飞龙于1902年出生于大沙华。父亲林颜（Lam Yam）清末移居古巴，是个风采斐然的人物，我对他的传奇人生很感兴趣，可惜缺乏资料，至今只知他是广东人，却弄不清楚是哪个县市。据《林飞龙》一书介绍，林颜从广东经旧金山（可能是早期前往美国修建跨美洲铁路的华工）、墨西哥移民古巴，因非常喜欢大沙华这个地方而定居于此，生下林飞龙时已84岁。他有八个子女，林飞龙最小，而且是唯一的男孩。林颜懂多种汉语方言，也常为当地华人代笔写信，还是辛亥革命的支持者。林飞龙的母亲是西班牙人、印第安人和非洲人的混血后裔，当时是个24岁的年轻姑

>> 林飞龙的大沙华故居

① 曾长生．林飞龙［M］．石家庄：河北教育出版社，2006.

>> 著者与林飞龙儿子林玉明夫妇合影于广州《林飞龙与诗人》画展 2016

>> 1947 年的大沙华洪门致公党分部 据《古巴图鉴》

>> 黄马里奥夫人手绘地图（部分） 黄炼 摄

娘，名叫安娜·塞拉菲娜（Ana Serafina）。一对异族老夫少妻，生育了一个杰出的混血后代，成就了一段移民的爱情佳话，他们着实为世界移民史增添了光彩。林颜活到 108 岁，因飞机失事去世①，是个典型的寿星公。林飞龙则在 1982 逝世于巴黎。现时大沙华还有他的故居和纪念公园，遗憾的是故居关门闭户，只是在门口挂着一个小牌子；公园也没管理好，没有什么可参观的。以后旅游业发展起来，相信会成为一个重要文化景点。据《林飞龙》书中说，他在本城古巴共产党地方党部办公室留下六幅画作。“其中两幅为人物肖像画，一为少女习作，另一为正在画画的少妇，第三幅为一群裸女的群像，第四幅则是半人半羊的山林农牧之神。”

大沙华之所以名声在外，还有一个原因是它的中华会馆非常有名。因为它是古巴最早的中华会馆。始建于 1880 年，比首都哈瓦那的总会馆早 13 年，是全古巴历史最悠久的中华会馆。1880 年建馆时，可能是一座木房子，现已找不到有关记录。今天尚存的馆舍，是 1925 年重建的两层钢筋水泥楼房，大门上方“大沙华中华会馆 1880—1925”的红色浮雕依然依稀可见。

据当地华裔、曾任会馆主席至 1995 年的黄马里奥先生（Mario M. Wong Martineg）向我介绍，在“猪仔”华工时代，1853 年，就已有华人来到这里。而据我研究，到 20 世纪一二十年代起的自由移民时期，大沙华是中国移民向往的小康生活宝地。由于此城是个水乡，没有冬季，也不会太热，生态环境与中国珠三角地区颇为相似，因

① 林颜的生卒年月为 1818—1926 年。

而对广东移民特别是四邑华侨极富吸引力。20世纪四五十年代古巴经济繁荣时，曾经有过3 000多华侨华人同时聚居（历史记载1872年为7 427名华人）。它有一个覆盖几条街的华人社区，分布于全城各街道的华侨华人商店、餐馆曾达100多家，华侨会馆三家、粤剧戏院三家，成为名噪一时的大华埠。按推算，在160多年的古巴华侨史上，先后移民至此的中国人应该在万人以上，现在还有不少华裔在此生活。

近年，黄马里奥先生和他的夫人经过逐一考证，精心绘制了一幅该埠1880—1959年华人企业分布图，重现了当年华侨华人社区的盛况。这些街道现在大多已经衰败，商铺早已关闭。所幸的是旧址尚存，侨属们如能及时去寻踪，还能找得到。

从旅游的角度，我注意到萨瓜海滩。它就在伊萨贝拉港附近，是古巴著名的海滩旅游区之一。胡其瑜教授和她的同事雷教授曾经

>> 黄宝世当年寄回的大沙华20世纪50年代街景　著者　家藏

去过，曾在那里观海景，吃海鲜，买土雪茄，说是挺好玩的，但因为尚未对外开放，人气还不足。

我家乡台山来古巴谋生的人很多，有上百户古巴侨属的“古巴华侨村”。我们那个叫永隆村的小村子，只有十来户人家，古巴华侨就有三家，都是去大沙华的。我父亲黄宝世是自由移民，1925年落户大沙华，先打工，后经营杂货店，从20世纪四五十年代起长期担任中华会馆主席，直至1975年逝世，中间只有短暂“让位”休息，称得上是“终身主席”。20世纪50年代初，我读中学的时候，父亲生意红火，心情大好。他在一封家书中给我寄来五张大沙华的风景照片，从中可见市中心的繁华景象，美丽的别墅、雄伟的铁桥，高大的商厦以及民族英雄马蒂的塑像，等等，令我向往不已。我写《古巴华侨家书故事》和《鸿雁飞越加勒比——古巴华侨家书纪事》两本书，都曾把这批照片收入其中。

现在，大沙华怎样了？父亲商店旧址还在么？父亲长期服务和居住过的中华会馆会被人占用吗？父亲在大沙华的朋友后人们可好？……此前，胡其瑜教授和古巴华裔朋友米兹·路易斯（吕美枝）女士、美国堪萨斯大学摄影系主任刘博智教授、古巴海归谭艳萍小姐，以及这次为我们导游的博士留学生小寇和他的三位同学等，都曾去考察过，并给我提供了不少宝贵的信息。

然而，百闻不如一见。我必须亲自去访一访，看一看！

古巴第一个中华会馆今昔

古巴的第一个中华会馆，在维亚克拉拉省大萨瓜市（Sagua la Grande）。先父黄宝世从20世纪四五十年代被选为这个会馆的主席，直至1975去世，中间虽然有过一届“禅让”，他几十年如一日地尽心履职，晚年更住在会馆，办公兼守护财物，被公认是品德高尚的终身主席。

>> 访问团与黄马里奥先生在会馆门前合影　寇顺超　摄

2014年6月5日，我和同行家属拜谒了大沙华中华会馆。陪同我们的是当地华裔、前会馆主席黄马里奥先生，以及我们的义务翻译兼导游寇顺超博士。

>> 给会馆的邻居孩子们派糖果　小戈　摄

我们的车子来到塞斯佩德（Cespede）大街273号，这就是大沙华中华会馆的所在地。现存的会馆是一座两层的钢筋水泥楼房，正面楼顶有“中华会馆”的西班牙文和中文繁体

>> 学者发现的珍贵历史资料，中图是 1947 年大沙华中华会馆外观

字红色浮雕，下书“1880—1925”。从外观看去，楼房已经相当破旧，门前栏杆的装饰瓦筒掉了四五个，水泥台阶崩塌处长了青草。人去楼空，门窗紧闭，一派破落景象。中华会馆的左边，连着一座门面相同的房子，它是大沙华洪门支部。

黄马里奥掏出钥匙，把大门打开。里面空空如也，一点家杂陈设都没有。天面的水泥板裂开了一角，可以望见天空。黄马里奥告诉我，他是最后一届的主席，任职至 1995 年。后来华侨越来越少，最后住在会馆的两位老侨生活艰难，就把桌椅等所有的东西贱卖给了一个当地的商人。而照片、名册、会议记录之类，那些卖破烂也值不了几个钱的东西，也没有留下来吗？我提出疑问，他说，没有了，什么都没有了。

>> 会馆所在街区已经衰落　黄雅凡　摄

现在我能找到这个会馆最早的资料，一是 1957 年 2 月 27 日《华文商报》关于大沙华中华会馆“举行新旧职员交代仪式”简讯的剪报，这是袁艳博士在国家图书馆发现的。文中报道黄主席保世主持交班，由邝文大继任新主席等情形。另外一个资料是这个会馆 1946 年或 1947 年的外观，以及接过我父亲主席职位的黄文大先生和书记、财务两

位职员的照片，这是胡其瑜教授在古巴记者GULLENNO TEJEIRO所著的《古巴华人历史图说》一书中发现并提供给我的。

父亲1975年去世后，我一直关注着这个会馆的情况。1983年年初，因办理母亲名下广州房子的继承手续，我写信请会馆出示父亲去世的证明。3月收到回信，签署证明的是主席曾炳彝先生，旁证人林安、黄舜传。这封信，我至今还保存着。

>> 大沙华中华会馆当年之盛　历史图片

1998年12月，我从加拿大金斯顿给会馆寄出一封信，查询我父亲的资料。2000年，华侨关碧英大姐从大沙华回广州探亲，把我的信带回来给我。据她所说，当时会馆已经无人收信、无人管理了，但门还开着，当地的华裔青年和小孩常常去玩。她家住得近，她也不时去走走。有一次，发现我的信。

2006年，我的《古巴华侨家书故事》一书出版。美国堪萨斯大学华人教授刘博智先生读后，于2009年春夏间两次前往大沙华考察。他给我发来了会馆现状的内外景等照片。我特别注意到，会馆里面有个写着“秘书室”的房间，是用一条粗木棍钉着的。里面是不是还有资料？它让我产生无限遐想和希冀。刘教授告诉我，第一次去的时候，会馆供奉的关公神位还在；第二次去，神位虽在，

>> 古巴当年的粤剧戏班　历史图片

大沙華埠中華會館舉行全僑大會

紀念抗日勝利二十週年

大沙華消息，本埠中華會館，於昨三號召開本埠全體僑胞大會，紀念我國抗日勝利廿周年，事前該會館選出籌備大會職員，預先布置，是日到會參加男女，極形踴躍，各埠任派來代表者，沙華海口埠代表四人，生耶咕埠代表三人，蘭佐維羅埠代表三人，弱打埠代表二人，建毛埠代表二人，試寬地埠代表四人，應故試他埠代表一人，統計中西男女，數逢百餘人之多，該會館禮堂雖大各僑胞企立參加者亦極多，一種歡樂愉快之气氛，爲大會中所罕見，至九時正，宣布開會，該會館主席黃保世先生，講述開會的旨趣，黃君大意謂「自从一九三七年，蘆溝橋事件發生，日本帝國主義以橫蠻無理之殘忍手段，侵略我國，慘殺我國同胞，幸得中國共產黨和毛主席領導第八路軍和新四軍，及全國人民共同抗戰，其中經過幾許艱辛，立下輝煌戰績，直至一九四五年的今日，打敗了日本侵略者，迫使其接納無條件投降（鼓掌）黃主席繼續講話，對日抗戰已勝利了 但蔣介石發動內戰，卒至爲全國人民所不容，逃往台灣，解放戰爭取得完全勝利，建立了中華人民共和國，全國人民同心協力進行社會主義建設，直至現在各項事實，出現了在我們的眼前，以前家家戶戶所用的品物，不是日本貨英國貨便是美國貨，現在已一掃而空，轉用國貨，我們的國貨還大量出口，事實勝於雄辯，以前所謂列强霸佔我們的市場，侵奪我們的權利，現在已走回老家去了，我國現在不獨在農工商務上已取得杰出成功，在科學上偉大的成就，舉世皆知，認爲國防最爲重要的核子武器，我國已一再試炸成功，消息傳出，驚動全球，帝國主義瞠目結舌，我們可以自豪地說句「中國那一樣不能及得外國人」？抗戰勝利了，中國建設的偉大成就，還是中國共產黨和毛主席英明領導下的豐功偉績，所以值得我們今日的慶祝．（全場鼓掌）黃君講話畢繼而講話者潘兒秋、吳亮廷，及古巴來賓多名，直至夜深十二時始散會。

>> 1965 年 9 月 11 日《光华报》刊登黄宝世主席在大沙华中华会馆纪念抗日胜利 20 周年大会上的讲话　袁艳博士　扫描于北京国家图书馆

关公瓷像却不见了。关公是商人的保护神，全球华商都拜关公。在古巴，连华人小商小贩家里都设关公神位。关公神像的失踪，令我们感到非常震惊。最后一件文物被盗，预示着会馆进一步衰落了。

其后，胡其瑜教授和她的同事、祖籍台山的雷教授、寇顺超博士和他的三位同学又先后去过，信息也有通报给我。

会馆门前的“1880—1925”是什么意思，此前我和研究者多有猜测。在现场，黄马里奥给我解开了谜团。他告诉我，1880 年是大沙华中华会馆成立的时间。它是古巴第一个中华会馆，比哈瓦那的总会馆早 13 年。他还告诉我，当时的馆舍是一座木房子。1925 年是现存这座钢筋水泥会馆的建筑时间。我环顾四周，只见街道上还有不少木房子民居，都是比较低矮的平房。我想，当年的首座馆舍大概就是这个样子了。我掐指一算，现存馆舍至今也已有 90 年历史了。那一年正是我父亲到达大沙华的时间，说不定他曾经目睹建馆的情形，有机会参加落成的盛典呢！

在会馆门前盘桓、摄影，“1880—1925”的标记令我无限感慨。设想一下当年的情景吧，那些被称为“猪仔劳工”的首批先侨 1847 年到达

黄宝世先生纪念牌

黄宝世 (Fernando Wong,1898-1975)，中国台山人，大沙华中华会馆终身主席。1925年从家乡来到古巴大沙华谋生，先打工，后经营杂货店。他远离爱妻和儿孙，孤身一人在古巴奋斗50年，真诚为当地民众和华侨服务，无私奉献了自己的整个青春和生命。他的生平事迹和高尚品格，记载在儿子黄卓才教授的《鸿雁飞越加勒比古巴华侨家书纪事》书中，传扬天下。

儿子 卓才　　儿媳 侯素梅
孙子 雅凡　孙女炼　孙子鹄

Lápida del Sr. Fernando Wong

Fernando Wong (Huang Baoshi, 1898-1975), Taishan (China), presidente vitalicio del Casino Chong Wan. En 1925 llegó de su tierra a La Sagua (Cuba) a buscarse la vida. Al principio, trabajó para otros, y posteriormente, puso una tienda de artíulos accesorios. Lejos de su querida mujer e hijo, trabajó solo en Cuba durante 50 años. Dedicó sincera y desinteresadamente toda su juventud y vida al servicio del pueblo cubano y de los chinos de ultramar. Su vida y sus nobles cualidades se registran en el *Father & Son: The Memoir of a Chinese in Cuba and the Trajectory of His Family Letters* del profesor Huang Zhuocai, su hijo, para que sean conocidas por todo el mundo.

Zhuocai (hijo)　Hou Sumei (nuera)
Yafan (nieto)　Lian (nieta)　Hu (nieto)
6/2014

>> 黄宝世先生纪念牌原稿　西班牙文翻译　李亦玲教授

哈瓦那。据黄马里奥称，五年后，1853 年就有中国人来到大萨瓜。那时候这个城市还只是一个农业小镇，中国劳工在这里种甘蔗、种烟草，干的是最艰辛的“苦力”活，他们的血汗、青春乃至生命却变成了西班牙殖民者老板的利润。他们一无所有，只有那些身体最强健的人侥幸生存下来。八至十年后，他们之中有些人挣脱枷锁，进入城镇。他们团结起来，组织社团，互助互帮，谋求发展。于是，27 年后，就有了自己的第一个中华会馆馆舍。而到了 20 世纪初，去古巴谋生的中国人不再是“猪仔”了，他们是自由移民。美国大量投资的进入，古巴资本主义迅速发展，这个美丽岛国成了移民向往的“加勒比海明珠”。1925 年，当地华侨已有两三千人。先侨们群策群力，集资捐款，用当时最先进的水泥钢筋建筑材料和技术，修造了现存的这座馆舍。“1880—1925”，记录着先侨艰苦创业和社团发展壮大的轨迹，也铭记着先侨的荣耀和自豪。

勇敢、勤劳、智慧的先侨们在大沙华不断创造奇迹。到20世纪四五十年代，3 000多华侨聚居于此，酒店、餐馆、工厂等华人企业上百家，三家戏院（仅比首都哈瓦那唐人街少一家）天天上演粤剧和歌舞……此时大沙华也发展成为一个有五六万居民的繁华现代都市。

从旧照片上，我们看到了当年的兴旺景象。

一般人的印象，卡斯特罗1959年革命胜利后，古巴华侨社会已经一落千丈。其实，华侨是支持革命的。大量偷渡美国，主要是由于1968年国有化之后，华侨的商店、摊档被没收，他们失去了生活的来源，才不得已出逃。

所以，直到1965年，大沙华中华会馆举行全侨大会纪念抗日战争胜利20周年时，来自沙华海口埠、生耶咕埠、兰佐维罗埠、弱打埠、建毛埠、试宽地埠、应故试他埠等七个埠（区）的代表人数达百余人之多。“该会馆礼堂颇大，各侨胞企立参加者亦极多，一种欢乐

>> 大沙华中华会馆2011年纪念封　黄马里奥　制作

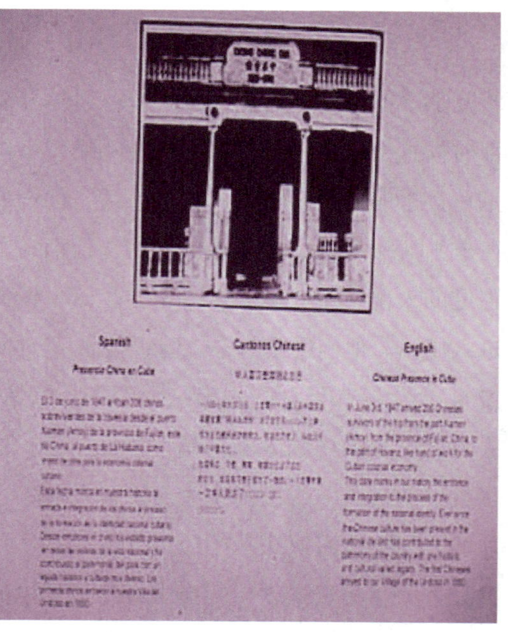

>> 纪念封背面用中、西、英三种文字志记馆史

愉快之气氛，为大会中所罕见”。[1]照此估计，当年大沙华的华侨华人不会少于 1 000 人。

为了纪念父亲，同时也纪念大沙华的华侨先辈，我在广州制作了“黄宝世先生纪念牌”带来，请黄马里奥先生挂在会馆。纪念牌西班牙文的高水准翻译者，是暨南大学外语系李亦玲教授。留学西班牙的谭艳萍博士也提供了很好的译稿。

离开古巴不久，我就收到黄马里奥的电子邮件。附件是一个纪念大沙华中华会馆成立 131 周年的纪念封，以及几张会馆内部现状的照片。从这个纪念封，我看到了他的一片挚情。在信中，他表示希望能够修缮会馆，但是未能得到有关方面的支持。我想，在目前情况下困难无疑是很大的。但楼还在，华裔还在，只要把它保护好，未来还是有希望的。

---

① 引自 1965 年 9 月 11 日《光华报》的报道，见本书第 136 页图片。

越洋扫墓记

飞越万里长空来到大沙华，要办的第一件事就是给先父扫墓。“纪念先侨”，是我们古巴之行的首要目的。

我们纪念先侨，也包括我们同乡同亲的叔伯兄弟和古巴所有的华侨先辈。在大沙华，自 1853 年第一批华工到来，至 2008 年此地最后一位老华侨去世，155 年间有过数以万计来自中国的华侨华人在这里生活、工作过，他们还在这里繁衍了许多后裔。比如林飞龙、黄马里奥，以及我熟悉的黄伟雄、黄伟杰医生兄弟，他们是 20 世纪 50 年代到达这里的黄秉彝、关碧英夫妇的中国血统儿子。追溯到 160 多年前，则是那些“猪仔”华工，以及他们的混血后裔……

自从 1975 年先父长眠此地，我们一直未有机会前来拜祭，内心的歉疚不言而喻。以前中国大陆和古巴都闭关锁国，我摸不着出国的门路，路费也是一个问题。在我和太太两人收入不足百元（一共 99 元）的年代，出远门简直是不敢多想的。退休之后，时间是有了，钱也比较容易解决了，其中还有我早年的学生、珠海金力公司黄金洪老总的赞助和许多友人的鼓励。而随着年龄的增长，我逐渐把如此长途的飞行视为畏途，以至一直拖到现在，说起来实在是十分对不起父亲的。

>> 大沙华公共墓园 小子 摄

车子经过大沙华西面的地界标志之后继续向前行驶不久，寇顺超博士就说墓园到了。“就在这里，就在这里！”我举目一望，果然见到墓园的大门已在近前。

这儿是大沙华西北郊，离萨瓜河不远，凉风习习，无比明净的蓝空中白云朵朵。水泥原色的墓园大门庄严肃穆，却没有任何文字，只有天主教（古巴国教）的十字架标志和图案。墓园四周有铁栏围绕，自成一统。铁闸敞开着，有门卫守护。跟门卫打了个招呼，我们就进去了。向里走，觉得墓园面积很大，园内大小坟茔都是水泥打造，排列整整齐齐。人行通道平坦整洁，没有一点垃圾，也没有一株杂树荒草，一看就知道管理得很好。

小寇很快就找到了我父亲的坟墓。他去年在哈瓦那大学医学院硕士毕业时曾经与三位同学到古巴全国各地旅行。他们带着我的《鸿雁飞越加勒比——古巴华侨家书纪事》一书，按图索骥来拜祭过，所以熟门熟路。

我们从广州带来香火，带来一块钢板刻字的墓志铭，带来我的著作《鸿雁飞越加勒比——古巴华侨家书纪事》。本书的扉页上印着“谨以此书纪念我的父亲和古巴华侨华人先辈”字样，今天终于有机会放在坟前，敬献给亲爱的爸爸了。

>> 向敬爱的父亲、爷爷、曾祖父三鞠躬　小玄　摄

我们以简单而庄重的仪式向先人致敬。首先一起烧香、敬送糖果，行三鞠躬礼。然后从我开始，我的妻子和儿女，一个接一个跟父亲、公公、爷爷说话。父亲对我固然是恩重如山，对他的儿媳妇和三位小孙，都曾关怀备至，爱护有加，在家书中多有言及。父亲是平凡人，但他的人格非常伟大。倘若没有父亲在古巴的辛勤劳动，没有他的省吃俭用，在古巴政府禁绝或严控侨汇的情况下，千方百计寄钱回来帮补家用，我们就不可能熬过三年经济困难和“文革”动乱，就不可能有今天。“文革”初期我曾被打入“牛栏”、工资降到每月只有 20 元，那是怎样的一种困境啊！特别是父亲到了 74 岁以后，

>> 热情尽责的管理员（左一）黄卓才 摄

在只有60比索（折合2元4角美金）退休金、“失业将近六年，所入不敷支出”，全副身家“所余不过一二千元”①，孤独晚年“将来处境不知如何收场”②时，还想方设法每次一百多、二百多元年年地给我们寄钱。他在信中分担儿子的对时势的困惑，解答儿媳妇学习医学的疑难。当看到大男孙写的好文章时，他即给予热情的鼓励；从照片看到孙女长得“肥硕可爱”时，他感到无限欢喜和欣慰；当我们请他给小男孙起名时，他却说这是父母的权利……他对儿孙的奉献，真是到了“春蚕到死丝方尽，蜡炬成灰泪始干”的彻底无私境界。在他的坟前，我们想起这些，向他汇报我们今天的幸福生活，无限的感慨和感恩不禁油然而生。爸爸，爷爷，我们怎样才能报答你的万一呢！而同来的外孙女呢，她才7岁，她也跟我们一样拜祭祖先，多么懂事啊！

这时，一位健壮的中年男子向我们走来，小寇一眼就认出他是墓园管理员，上次来的时候就认识了的。管理员告诉我们，很多人都知道黄宝世的故事了。前些时候，曾有古巴记者从哈瓦那来采访。

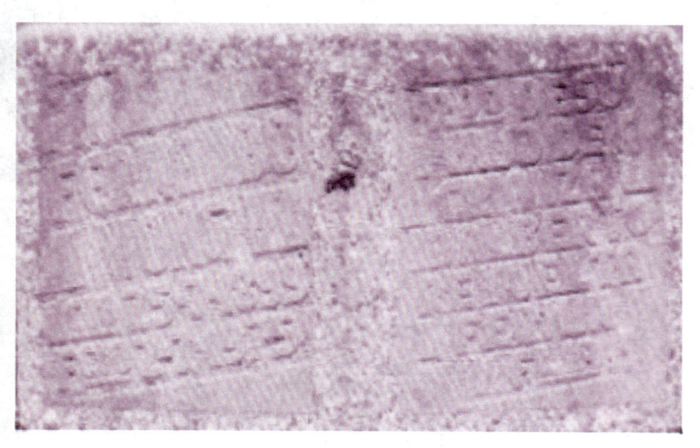
>> 尤西比奥亲手制作的墓碑 寇顺超 摄于2013年

我给他递上名片，以便今后联系。他见我们把钢板墓志铭置于坟前，问我用水泥贴上好不好。当然好啦，我未说完，他即去提了一小桶调好的水泥来，帮忙贴得好好的。

一个多好的管理员！他是国家的公职人员，他的管理，他的服务，一切都是不收费的。这让我们真切地感受到古巴社会主义的优越性。我在广州出门之前，台山一位长者

①② 《鸿雁飞越加勒比——古巴华侨家书纪事》家书第40封、第38封。

来信询问，是否有办法将亲人骨灰从古巴运回家乡安葬。亲临其境之后，我觉得此处乃是世外桃源，难得的风水宝地，宜于华侨亲人长眠之处，无需再作迁葬之举。况且古巴是不兴火葬的，也就没有骨灰一物。“丽岛山水哺吾辈，忠骨岂不献古巴”，哈瓦那中华总会馆大厅悬挂的七言诗，以及我们黄族老祖宗所说的“日久他乡是吾乡”，都说得很对，何况现在已经是“地球村”时代呢！

在父亲墓前，我想起很多事情，其中更不会忘记那些帮助我们保护、寻找父亲之墓的古巴友人，以及比我还早来拜祭过的朋友们。

去年，小寇和同学来拜祭时，对照我书上的图片，发现坟前多了一块水泥石米塑制的墓碑。这是谁放上去的？后经证实，原来是尤西比奥临去世之前亲手制作并置放好的。这块墓碑左边的碑文是我父亲的西班牙文名字“Fernando Wong”和生卒年、月、日，右边的碑文意为“您的后人将永远纪念您！”尤西比奥记忆中的年月数字虽有小小误差，但这已经非常了不起了，因为他是在生命的最后时刻抱病赶制的。显然，他是怕原来的手写字日久会褪色，不好辨认。多么良苦的用心，多么真挚的情谊！

先父是有福的。在我们家属还未能前来拜祭之前，早就有朋友来过了。最先从古巴以外千里迢迢前来拜祭的是美国堪萨斯大学的刘博智教授和中国北京的古巴海归谭艳萍小姐。2009 年年初，刘教授已经去过一次，根据我《鸿雁飞越加勒比——古巴华侨家书纪事》书中的线索，到大沙华寻找我父亲的足迹和当地华侨华人的故事。夏天，他又约谭小姐再去。在吕美枝、黄伟雄等古巴华裔朋友的帮助下，他们找到了我父亲的干

>> 大沙华公墓一角　小子　摄

>> 大沙华中华会馆墓房　黄卓才　摄

>> 墓房内景　黄卓才　摄

儿子——革命烈士依达贝尔托（Idalberto，小名塔蒂）的弟弟尤西比奥及其夫人。不但弄清楚了他们与我父亲的亲密关系，而且找到了我父亲的坟茔和烈士墓。当时尤西比奥已是癌症晚期，仍抱病带领他们到墓园去。不久，刘教授和谭小姐即给我传来了这些活动的照片，还有一批这家人的旧照片，他们几十年珍存下来的与我父亲交往的老照片，以及我 2000 年托关碧英女士带回去、最后传到尤西比奥夫妇手中的彩照、名片……

这之后，又有国际著名古巴研究专家、美国布朗大学的胡其瑜教授和她的同事雷教授等前去考察、拜祭过。

在万分感激朋友们的帮助之余，我和家属曾经提出一个疑问：为什么坟头的字迹好像是新写的？当年中华会馆的报告，说父亲是葬在会馆公墓的，为什么现在是在这里？

当吕美枝得知我们对父亲坟墓的真实性有所疑问时，即到有关殡葬部门办来了两张迁葬证明书，让我们释怀。

现在一切都好了。管理员就在我们跟前，他的行动和描述令我们坚信父亲的坟墓不会搞错。从墓园出来，我突然感到一身的轻松，多年的心愿已偿，一切疑问也已得到解答。

大沙华中华会馆公墓离黄宝世先生之墓只有一箭之遥，也在大沙华公共墓园内。那是一间只有几平方米的水泥墓房。里面文字记载“建于中华民国四十九年正月吉日”。里面只有几个骨盒，以及两位扫墓者的中西文笔迹。我们齐齐向所有的先侨鞠躬拜祭，送上一片虔诚的心香。经管理员同意，我们也在墙壁上留下记录。盘桓间，一个问题我想不明白：1959 年后 50 年间，未能离开大沙华而在此安息的华侨应当不少，他们的坟墓到哪里去了？

离开墓园，我在心里默默告诉父亲，以后子子孙孙还会来看望他，一定！

父亲商店寻踪

寻找旅外华侨亲人足迹，与海外华侨回乡寻宗问祖一样，都是为了寻根，为了纪念祖先，这是一件十分有意义的事情。海内外都有不少人为此而奔忙。当我见到一些华侨带着几张发黄的相片，一个字迹模糊的信封回乡查找祖居时，我就想到自己也应该到海外去寻找父亲的足迹。正因为这样，我们不惜耗费巨资，千里迢迢地飞到古巴，一家三代六人从三个国家来到尚未开放的古巴中部小城大沙华（Sagua la Grande）。

父亲黄宝世是个小商人、小侨领，平凡一生，但他留下的40多封家书不仅生动记录了私人的生活史，而且深刻反映了时代的风云变幻，被载入我所著的《古巴华侨家书故事》和《鸿雁飞越加勒比——

Registro Mercantil de Sagua la Grande
Libro de Establecimiento
Tomo siete Hoja Nº 1181

Establecimiento Bodega, titulado " Casa Wong ", situado en esta Villa , en la calle Solís, esquina Albarrán, Fernando Wong, natural de China, ciudadano chino de cuarenta y cinco años de edad, soltero y vecino de dicho lugar de su establecimiento, que aparece inscripto en la hoja cuatro mil setecientos setenta y tres, al Folió veintiuno vuelto del Tomo cuarenta y cinco del Libro de Comerciante, solicita la inscripción del expresado establecimiento, que abrió a sus expensas con un capital de ciento veinte pesos en cinco de noviembre del actual, según Licencia, municipal número dos mil diez y ocho.

En su virtud Don Fernando Wong inscribe a su favor el referido establecimiento. Todo lo referido consta de instancia suscrita por Maximiliano Isoba, mandatario verbal del interesado, autenticada por el notario Doctor Teódulo García Ruiz, que fue presentada en este Registro a las ocho de la mañana de hoy, según asiento numero ochocientos veinticinco, al Folio ciento sesenta y uno vuelto del Tomo cuatro del Libro de Presentaciones, quedando archivada dicha solicitud bajo el numero sesenta y cinco en el Legajo numero tres de las de su clase. Y siendo todo conforme con lo solicitado, firmo la presente en Sagua la Grande a doce de noviembre de mil novecientos cuarenta y seis.

黄宝世（Fernando Wong）
商店注册文件之一

Registro Mercantil de Sagua la Grande
Libro de Comerciante
Tomo cuarenta y cuatro Hoja Nº 4407

Fernando Wong, natural de Cantón, China, ciudadano chino, mayor de edad, soltero y vecino de la calle Colón numero veinte y siete, esquina a Carrillo, en esta ciudad, solicita su inscripción como Comerciante Particular en el ramo de Bodega en el establecimiento titulado "La Perla Sagüera" que lo abrió a sus expensas con capital de trescientos pesos moneda oficial, el día veinte y dos de enero de mil novecientos cuarenta y dos y en cuya fecha dieron comienzo sus operaciones. Jura que no se haya sujeto a la patria potestad, que tiene la libre disposición de sus bienes y que no está comprendido en ninguna de las incapacidades expresadas en los artículos trece y catorce Código de Comercio. En su virtud Fernando Wong se inscribe como Comerciante Particular en el domicilio expresado. Así resulta de instancia suscrito por el Señor Maximiliano Isoba verbal del interesado autenticada por el Notario de esta Villa Teódulo García Ruiz, que fue presentada en este Registro a las nueve de la mañana de hoy, según asiento numero doscientos noventa y seis visible al Folio sesenta y ocho vuelto del Tomo tres del Libro Diario de Presentaciones y siendo todo conforme con el documento ren. , digo quedando archivada bajo el numero quince en el Legajo número dos de su clase del año actual y siendo todo conforme con el documento referido firmo la presente en Sagua la Grande a veinte de febrero de mil novecientos cuarenta y dos.

黄宝世（Fernando Wong）
大沙华（Sagua la Grande）之
商店注册文件之二

>> 黄宝世两间商店的注册文件 黄马里奥 提供 2014年

古巴华侨家书纪事》两书广为传播后，“黄宝世家书”已经成为一个专有名词而具有相当的知名度。故此寻找他苦心经营过、用微薄的收入养育过两代人的商店，那就不仅是我们家属的责任，同时也是海内外读者关心的事情。

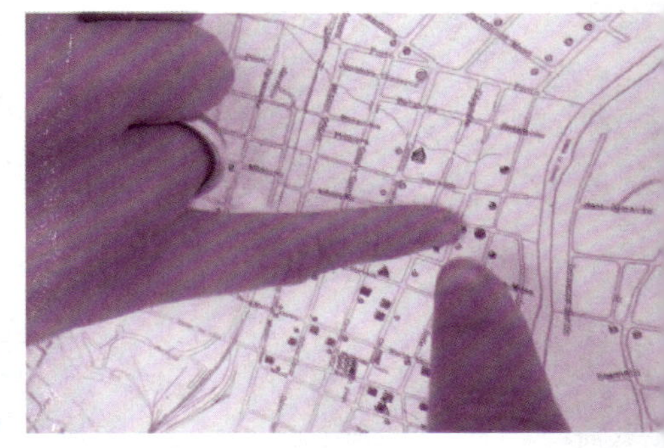

>> 黄马里奥夫人指点“黄记”杂货铺位置

黄宝世在侨居古巴的 50 年中，一共经营过几间商店，目前无法查考。最后一间商店，也已经在 40 多年前被古巴政府在“消灭私营经济”和“国有化运动”的口号下，以“革命”的名义没收了。现在，还能找到它的旧址吗？

>> 父亲这封家书寄自索利斯街 259 号黄记商店

一般来说，到从未涉足而且远在天边的加勒比海岛古巴内地城镇去寻找几十年前的商店旧址，一定是十分困难的吧。但对于我来说，却出乎意料地容易。何故？

城中有人好办事啊！

我们一到大沙华城，就按中华总会馆周卓明书

>> 这是黄宝世在 20 世纪 50 年代寄回来的商店照片

>> 黄记杂货店旧址 小戈 摄

记提供的地址找到黄马里奥先生家。黄马里奥先前已经得知我们来访，早就把资料准备好了。其中两份，是我父亲20世纪四五十年代两间商店的商业注册文件。那是十分宝贵的历史文献啊！无论对于我个人的家族历史研究，或者整个古巴华侨史研究，都有极其重要的价值。黄马里奥先生不愧是一位杰出的地方华侨史专家！这两个文件，以及他对我父亲生平事迹的记录，是他所著《大沙华华人史》的一部分。他在做着一件多么有意义的工作！

>> 老街坊忆述黄宝世为人和他的“黄记”商店 小戈 摄

由于他和夫人、儿子一起做过深入调查，绘制过大沙华全城20世纪50年代的华人企业分布图，黄马里奥对城中每一处华人商铺都了如指掌。他带领我们拜谒了中华会馆之后，就去看商店旧址。

先看第一间，它坐落在索利斯街和阿尔巴兰的街角。注册文件也记载得一清二楚，是1946年1月12日开业的，商号名叫作“黄记”。我现在保存的父亲家书，有的就是他当年从这个地址寄出的。可惜现已改建成住宅，看不到原来的样子了。

再驱车去看另一间，是在哥伦布路和卡里利奥将军街夹角处。按注册文件记载，这间杂货铺是 1942 年 1 月 22 日开业，商号名为“沙瓜珍珠”，非常漂亮的名字。这是一间木结构的房子，虽然已经关闭，但从外表看，依然可见当年原貌。

>> 黄宝世（后排中）与大沙华青年朋友 尤西比奥提供 约于 1957 年摄于黄记商店门前

据黄马里奥一家制作的“20 世纪 50 年代大沙华的华人企业分布图”，当年杂货铺、餐馆、工厂、戏院等共有 100 多家。自从卡斯特罗宣布要消灭私营经济，革命的矛头就指向经营小店小厂等个体企业的华人。1968 年，这些企业或被变为“国有”或已关门大吉，多数华侨华人被逼出走，转到美国等地谋生。从此大沙华一片死寂，直至 50 多年后的今天，被彻底摧垮的原有相当发达的古巴经济体系仍然无法恢复元气。回顾这段历史，不但为华侨的不幸命运感到痛心，更为当年那些“革命”决策者的幼稚冲动给古巴人民带来的损失感到悲哀。

我们正在与街坊交谈，向他们了解情况，跟他们拍照留念，两位骑自行车的市民主动停下来跟我们说话。他们都已上了年纪，历史的印痕刻在脸上，一看就是最合适的调研对象。我通过小寇翻译问他们是否认识 Ferando Wong，是否记得他这间商店，他对你们好不好……两位长者说，他们都认识 Ferando Wong，当年他们读小学，每天上学放学都路过这间商店。Ferando Wong 对他们很好，卖一分钱的东西，他也卖。蓝衣长者说：Ferando Wong 是一个好人，一个高尚的人。他多次强调“Noble”（道德品质高雅）这个词，让小寇给我翻译。我顺势问他：我父亲有没有女朋友？他非常诚恳地回答：你父亲没有女朋友，因为他是一个高尚的人，是中华会馆主席。红衣长者和围观者都频频点头表示认同。

雁过留声，人过留名。黄宝世的高风亮节不仅表现于他家书中，在大沙华街坊群众中也留下如此美好的口碑，作为他的子孙后代，我们为他感到无限欣慰和骄傲！

在大沙华探亲访友

我和家属到古巴大沙华，访问了三家亲友。

首先拜访的是黄马里奥（ Marao Wong ）一家。黄马里奥是大沙华出生的华裔。他在20年前曾经担任大沙华中华会馆主席。

>> 黄马里奥先生向我们展示他的书稿　黄鹄　摄

中华总会馆周卓明书记早已打电话通报我们到访，黄马里奥和太太、女儿、儿子一家四口都在等候我们。女儿是个舞蹈家，曾经到日本教授拉丁舞，现时在哈瓦那攻读舞蹈专业硕士。今天她特地赶回来见我们。

>> 黄马里奥家藏老照片　黄炼　摄

黄马里奥的家是一座修饰得相当漂亮的双层民房。他热情地把我们迎进客厅，首先让我们看他的家庭老照片。他用西班牙文介绍，父亲是来自中国的华侨，母亲是古巴白人。他向我们展示正在编写的一本关于大沙华华侨华人事迹的西班牙文电脑打印书稿。我们想把书稿逐页拍下照片，带回去翻译研究，他没有答应。说等书出版了，即会给我传送电子版。看来，马里奥十分珍惜自己的研究成果，版权意识也很强。他还向我们展示了一幅1880—1959年大沙华华人企业分布图。这是她太太的作品。马里奥太太配合丈夫的华人研究，调查了全盛时期全市100多家华人企业的分布情况，运用她做过制图工作的经验，在画家儿子的支持下，精心绘制了这幅极具历史研究价值的地图。去年我已经从胡其瑜教授的照片中看到这张地图，今天有幸见到它的原版了。

>> 两家老少很快成为了朋友　小幺　摄

>> 庄重的拜托　寇顺超　摄

从老照片看出，这是一个很有历史和文化的华人家庭，原先相当富裕。可惜由于时间匆促和语言的障碍，我们未能充分交流，深入了解他的家史。

华人自1853年来到此地，至今已有160多年历史，他们曾经与古巴人一起，创造过大沙华经济的辉煌，也曾对古巴革命做出过贡献。这段历史不应被湮没，很需要有黄马里奥一家这样的热心人，进行研究，把这段历史保存下来。

我向他们赠送了一本自己的作品《鸿雁飞越加勒比——古巴华侨家书纪事》。同时把从广州带去的黄宝世先生纪念牌交给马里奥，拜托他挂在中华会馆。

接着，我们又拜访了友人黄伟雄医生。

来到黄医生家，首先见到的是他和儿子。“你好！”黄医生一眼就认出我了，他用广东话说：“我就系伟雄，我细佬喊做伟杰。”伟雄比我小三岁，当地出生，但并非混血儿，因为父母都是香港华侨，祖籍广东佛山市南海区九江镇。伟雄热情地让我们参观他的房子。与邻居相比，他的房子显得很不错，是政府分给他们的。因为是医生，分得的房子自然比较好。客厅里的陈设相当讲究，玻璃柜内摆设着许多中国瓷器，好些应属古董了，起码是父辈的传承。我们直觉来到了一个古巴的小康之家。

我与黄伟雄医生认识和交上朋友，有一段曲折故事。

1998 年 12 月，我在加拿大探亲时寄出了一封信，是写给大沙华中华会馆的，查询有关父亲的资料。相隔一年多，这封信却由返广州探亲的古巴华侨关碧英大姐交回给我。她说，信件在会馆放了好久，无人收读。因为会馆已经没有华侨打理了，平时只有一些土生华裔去玩玩。关大姐告诉我，20 世纪 60 年代，她与丈夫由香港移民古巴，现在身边的老侨胞相继去世，她们一家已是当地仅存的华侨了。她家离会馆很近，她有时会去走走，有一次发现这封信，就拆开看了。但她和丈夫中文都很差，无法给我复信。见信上有我的广州地址、电话，就带回来给我，准备口头回答我的查询。

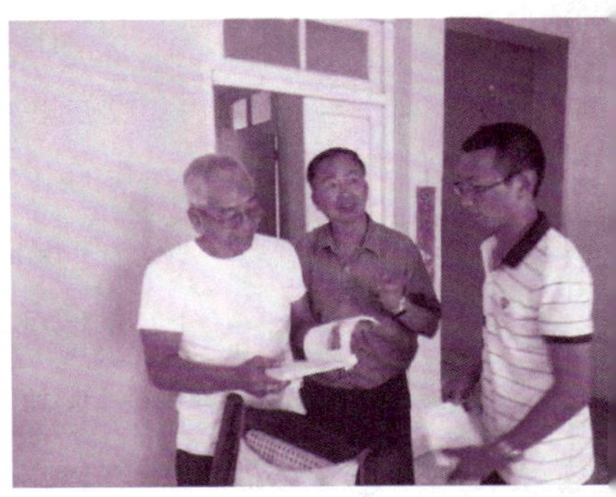

>>黄伟雄医生阅读《鸿雁飞越加勒比——古巴华侨家书纪事》　小子　摄

我们相约见了面。就是那次见面，关大姐给我带来了一个意想不到的信息：“你在古巴有两个弟弟！”她说这两个弟弟是我父亲和古巴女人生的，并掏出一张小纸片，上面用铅笔写着两人的中文和西班牙文名字，还有他们的住宅电话。她问我是否想与他们联系，我觉得可以试试。过了几天，我即把自己的照片和名片当面交给关大姐，让她带去古巴。

>>黄医生和他的太太、儿子　黄卓才　摄

奇怪的是，几年过去了，没有下文，我与关大姐也失去了联系。直到 2009 年，谜底才终于揭开。那一年，古巴华裔朋友吕美枝（路易斯·米兹，Luis Mitzi）女士开始帮我寻查。同年，美籍华人教授刘博智先生和古巴海归谭艳萍小姐飞赴大萨瓜实地调查访问。结果是：“两个弟弟”是有的，但不是关大姐说的那两个，而是父亲的义子、革命烈士依达贝尔托（塔蒂）和他的弟弟尤西比奥（Eusebio）。

>> 感觉如久别重逢一样　小幺　摄

其实，阿雄和阿杰就是关碧英的儿子。为什么会出现这样的阴差阳错？阿雄和阿杰是有文化有准则的人。他们把我的名片和照片，交给了尤西比奥。

在《鸿雁飞越加勒比——古巴华侨家书纪事》中，我记载了这段往事。伟雄不懂汉字但在寇博士的辅助下，他兴致勃勃地翻阅着我的书。

说话间，黄伟雄的太太下班回来了，她也是医生，加上他们的儿子，一家三口全是医生。古巴医生的月收入五六百比索。这样一个医生之家，当然属于高收入家庭了。伟雄的弟弟伟杰也从医，而且还曾参加医疗队出国服务，更有一些额外的收入。2015 年古巴政府决定提高医生工资，他们这两个家庭应当是直接的受益者。

>> 亲人相见话儿多　小幺　摄

伟雄盛情请我们吃饭，说已经在餐馆订了席。但因我们还要去拜访尤西比奥夫人，所以坚辞了。

探访过这个古巴的小康之家之后，黄马里奥把我们带到尤西比奥夫人家。尤西比奥夫人是我的古巴义弟塔蒂的弟妇。义弟塔蒂是我父亲干儿子，古巴白人。他参加卡斯特罗领导的革命，于1958年牺牲在巴斯蒂塔政府的警察枪口下，革命胜利后被追认为烈士。

一下车，就见到尤西比奥夫人等候在巷口了。虽然是第一次见面，但彼此都在照片上见过多次，所以一见如故，就像久别重逢的亲人一样。热烈拥抱中，她和我太太都激动得流了泪。

走过一条短巷，我们进入尤西比奥夫人的家。她的住房比较狭小，只有一个房间。一张床占去了房间的一半，另一半摆放着一张桌子，几张椅子。桌子和墙壁上有好多家庭相片，活泼孙女的照片特别引人注目。在这样狭窄的住房里，却有一台座机电话。由于通信费用昂贵，一般古巴家庭是消费不起电话的。但我理解，这对于尤西比奥夫人来说是必需的，可以负担的。因为尤西比奥的妹妹侨居美国迈阿密，尤西比奥夫人便是侨属；两年前，她先生因病去世了，儿孙又不同住，她成了寡居者，没有电话联系是很不方便的。

与我父亲成为挚友的塔蒂一家，是西班牙裔人，当年至少有母

>> 漂亮的大沙华民居与简陋的小商店 黄鹄 摄

亲和孩子共六口人：母亲 Yeya（叶娅）、长子塔蒂、二子 Eusebio（尤西比奥）、大女 Luisa（路易莎）、二女 Nereida（尼丽依达）、幺女 Mercedes（梅赛德斯）。其中除两个儿子曾在父亲的商店居住、工作过之外，女儿路易莎照顾了晚年的父亲。是她，在先父孤老无依的时候，细心照料，为他洗衣服、搞清洁……2009 年 8 月，刘教授和谭小姐在吕美枝女士的陪同下去大萨瓜市时，病中的尤西比奥拿出了他们保留了几十年的我父亲的照片以及我九年前托关大姐带去的照片和名片，然后带病引领他们拜祭了烈士墓，又到家族墓地给我父亲扫墓。

尤西比奥临终前还做了一件好事——他在病痛的折磨中，给我父亲赶制了一个石子水泥压模的墓碑——左边刻着我父亲的西班牙名字和生卒年月日，右边是“您的后人永远怀念您”的碑文。2013 年，留学生朋友寇顺照在哈瓦那大学医学院毕业，与三位同学一起旅行时，特意来到大沙华给我父亲扫墓。他们发现了这块新墓碑。深挚的友情，多么令人震撼啊！

相聚匆匆，异国兄弟的情谊无以回报，与尤西比奥夫人告别时，我心里觉得特别难受。唯有说一声：再来看你！

温馨的小城个体餐厅

在大沙华，我们享受了小城市个体餐厅的贴心服务。

这家叫作 El Cubanio 的店子，是一个典型的家庭式私营餐厅。门前挂着不大起眼的招牌，由于挂得高，很容易被看走了眼。

>> EL Cubanio 个体餐厅 黄鹄 摄

据说这个城市前两年还没有公开的私人旅馆和餐厅，现在也只开了两三家。古巴自从2010 年开放个体经营以来，私家餐厅如雨后春笋般冒出来，以前隐蔽在“地下”偷偷摸摸做生意的人家，也尝试着公开挂牌“转正”。小戈一家 2008 年到哈瓦那，想吃一顿好的西餐，还得由当地导游带到一个藏在三楼的秘密私厨去，价格也相当昂贵，夫妇俩和两个不到十岁的孩子，吃了 100 多美元，这大概是肉类等原材料和饮料多用进口货之故。据报载，2010 年，在一家叫作“古巴贸易”的个体餐馆，每份烤猪排售价 7.56 美元，每份海虾标价 19.44 美元，几乎相当于古巴普通民众一个月工资。现在好了，我们这次在哈瓦那进过两家西班牙餐厅，虽是国营，但都有好鱼好肉吃，服务周到，价格也便宜下来了，每人 15 美元左右的消费，可以接受。政策的转变让以前备受打击的个体户探出头来，小心翼翼地想办法赚钱。胆子大的，就敢说话：“我们（个体户）先前是社会边缘人，现在不同了，我们是受人尊敬的生意人，这真是180度大转变，现在我们被称作生意人和纳税者。”

从小小的门口进去，只见大厅里摆放着营业柜台和5张餐桌。可以看出，这是一座民居。房子不算太大，主人把居家用房挤缩到后座，前座用作营业场地，有百余平米，占了整个房子的三分之二。后面有厨房和洗手间，所剩的起居用房已经不多。

老板热情地招呼，让我们在一张长方桌坐下，给我们每人送来一杯清水，然后由他的太太（女服务员打扮）帮我们点菜。

>> 在大沙华私人餐厅进餐 黄卓才 摄

>> 与老板和厨师合影留念 小幺 摄

看了菜牌，点了鸡肉、牛肉、青菜沙拉，我们问还有什么好菜。老板给我们推荐鲜鱼，说是市民从河里钓上来、刚收购到的。我立即想起沿途所见“渔翁”垂钓的情景。无论是河是海，水都是非常干净的，没有污染，这里的鱼大可放心吃。可惜的是，古巴海产早就被日本人包销了，我们能吃到的，只能是“漏网之鱼”。

坐在餐厅，我不禁思忆起当年父亲在这个城市生活的情景。根据当地华裔黄马里奥夫人绘制的《大沙华20世纪50年代华人企业分布图》，这个五六万人的城市，有华人私营酒店、餐馆24家。20世纪60年代，在古巴的国有化运动中，全部被没收。私营经济从此在这个城市消失了。无以为生而比较年轻的华侨，纷纷偷渡到美国等地。像我父亲那样留下来的六七十岁的老人，只能靠微薄的退休金糊口。

古巴革命领导人的理想也许是美好

的。他们设想，消灭了私营经济，没有了个体户，大家都是国家职工了，那就是没有剥削、没有压迫的社会主义了；消灭了华人经济，让他们与当地人一样过日子，华人就会融入古巴民族了。但是社会经济的发展有其自己的规律，半个多世纪之后，抬头一看，这个城市百业凋零了，居民的生活相当困苦。古巴领导人只好痛苦地宣布，重新大力发展私营经济，让大批国家工作人员和国营企业职工转岗！50多年后，古巴经济模式转了一个大圈之后，又无可奈何地回到原点。实际上，这已经不完全是从前的原点了。爷爷奶奶一辈开餐馆用过的厨具早已锈烂，年轻人必须从零开始艰难创业。历史的发展无情地证明，连小商店、小摊贩也“国有化”，这条路是走不通的。没有了勤劳智慧的华侨华人，古巴经济就失去了生机。“无私（私营经济）不活”，“无华（华侨华人）不富”，大沙华乃至整个古巴惨痛的历史教训值得记取。

>> 黄雅凡 2015 年携眷重访 EL Cubanio 餐厅

厨师很用心，菜做得很好，纯正的古巴浓香风味，收费却很便宜。我们七个人的这顿美食，只需 15 红比索。

在这家餐厅吃饭，我们就好像回到了家。从巴拉罗德到大沙华，汽车跑了 180 千米，有些路段比较颠簸，路上我的小孙女呕吐了，弄脏了衣服。我女儿正要去洗，就被老奶奶（老板的妈妈）抢了过去，洗得干干净净。啊，我们充分感受古巴人温馨的热情。

古巴有个人间伊甸园

早就听说古巴有个人间伊甸园，现在亲临其境，才真正领略到它的神采。

这个被誉为人间伊甸园的地方是一个对外开放的旅游特区，名字叫作巴拉德罗（Varadero）。巴拉德罗被誉为世界上最美丽的海滩，“不到巴拉德罗就不知道古巴的美”，此言不虚。

巴拉德罗位于马坦萨斯省（Matanzas）的伊卡克斯半岛，东距哈瓦那140千米，西面是曾有许多广东人侨居的维亚克拉拉省（Villa Clara），北面就是隔海相望的美国南部城市佛罗里达。巴拉德罗是个由西向东延伸的狭长半岛，最宽处也只有1 200米，半岛的尽头有个拐角，人们喜欢用“抛向大海的鱼钩”来形容它的形状。我们自驾车在半岛的高速公路上行驶，大海时时伴随着我们，蓝色的海水几乎与路面齐平。在一些路段，离车窗不远的红树林不时提醒我们，咫尺之外就是大海。

>> 巴拉德罗高速公路奇观　黄卓才　摄

巴拉德罗有个国际机场，规模虽然不大，但为游客提供了不少方便。天然旅游资源的独特和丰富是巴拉德罗的骄傲。它拥有长2 500米，宽50~100米的海滩。海水色彩从近处的浅蓝色变为蔚蓝色，在天际处又变为深蓝，层次渐变而分明，蓝得神奇，蓝得令人惊叹。沙滩上的沙子十分幼细腻，抓在手里会从指间滑走。沙滩坡度平缓，游泳者走出几十米，海水也只漫到腰部。海水的洁净度很高，除了一些水草，看不到其他漂浮物，到处都是极好的天然海滨浴场。这里属于亚热带海洋气候，日照时间长达14

>> 脚下细沙软绵绵　黄卓才　摄

小时，阳光充足，平均气温为25摄氏度，全年适合游泳。这样的海滩最适合被漫长冬季的严寒煎熬怕了的加拿大人和北欧人。旅游指南和旅行社对巴拉德罗的宣传，大都突出“集大海、沙滩、阳光、蓝天为一体”的特色，也许正合他们的口味。你可以看到来自欧美的白人可以躺在沙滩椅上暴晒几个小时，直到皮肤红得像烧猪。而对于我们这些看惯了大海沙滩的南方人，除了可以与欧美游客同享大海、沙滩、阳光、蓝天之外，更想体验的是加勒比特有的异国情调。

据历史记载，巴拉德罗的开辟可以追溯到1555年。最初是船坞和盐场，所产海盐大部分供应给西班牙拉丁美洲舰队。1887年，十户人家获得许可在此建立度假住宅，拉开了城市创建的序幕。而最具有传奇色彩的典故是美国杜邦家族的投资。他们在第一次世界大战前以每平方米4美分的价格买下了512公顷的土地，后来用战时大卖炸药所聚敛的财富在这里修建了一座配备了高尔夫球场和游艇码头的豪宅。此后，美国的百万富翁们蜂拥而至，连臭名昭著的芝加哥黑手党首领阿尔·卡波内也在这里拥有地产。那时的旅游业给古巴带来了黄赌毒等祸害，收入却大部分流进了美国资本家的腰包。古巴革命之后，这些外国产业都被收为国有，一部分分给了当地居民，一部分改做了旅馆和博物馆。20世纪60—80年代，巴拉德罗变成一个群众文化娱乐中心。当年的中央公园（位于第44街和46街之间）举行过无数的节日活动、音乐会和体育赛事。由于创汇的需要，古巴重新开放健康旅游。自2008年以来，巴拉德罗每年有100万游客前来。主要来自加拿大，约占60%，其他是欧洲、拉丁美洲等地的游客。现时古巴有钱人慢慢多起来，巴拉德罗不再是外国人的专享。据说去年有30万本国人来游。如此算来，国内外数以千万计的亚当和夏娃，已经在这里编织过他们的浪漫故事。

巴拉德罗如今已经拥有40多家星级酒店，其中五星酒店17家，其余大部分是四星级的。国营酒店之外，也有不少酒店是与外国企业合资的。我们所住的海洋（Ocean）酒店，就是去年投入营运的五星级园林酒店，有66座双层小公寓，客房上千个，可容纳2 000位

>> 美酒、饮料任点　黄卓才　摄

客人。据说旅游旺季都住得满满的。

到过巴拉德罗的外国游客说："这里是全古巴最不像古巴的地方，却又是古巴最像天堂的地方。"这除了可以放浪形骸而无所顾忌之外，大概主要是指饮食和娱乐。无可否认，今天使用土比索的古巴老百姓的粮食肉类和副食品还需要部分配给、部分依赖农贸自由市场，而这里却有红比索（类似于中国以前的外汇券）。有了红比索，政府就用外汇进口商品供应特区市场。就像我们中国以前有外汇券、友谊商店和侨汇商店一样，有外汇就什么都能买到。巴拉德罗所谓“不像古巴”，就因为它是这样一个特殊时期的特区。

我在网上看到一些游客抱怨酒店差，设备陈旧破烂，五星级实际上只有三星水平。谢谢我们访问团的CEO小戈，他给我们精选了一家新建的园林酒店——海洋酒店，使我们享受到超五星级的待遇。海洋酒店除了没有Wi-Fi、电插座不便之外，其他设备和服务都似乎无可挑剔。

就说吃喝吧，这里有由早上6点到深夜3点轮流服务的各种特色的餐厅。古巴南美风味自助餐厅、法国餐厅、意大利餐厅和东方餐厅早午晚餐时间同时开放，任君选择。如果你觉得法国餐厅、东方餐厅吃得太精致，肚子还有空隙，你可以继续到其他餐厅去吃。海边有茅草风格屋顶的豪华海滩餐厅，方便海浴和在沙滩上晒太阳的游客随时补给。这些餐厅的饭食、饮品和水果，都可以带走。不像其他地方规定“吃饱不带走”。此外还有在住房电话叫餐的服务，三更半夜也随叫随到。还有两个酒吧和一个咖啡厅，长时间敞开供应，各种各样的世界名酒和果汁、汽水可以随便点，服务员还会按客人的要求调配咖啡和鸡尾酒。活跃的客人还可以挑战俊男美女服务员，和他们碰杯比酒量。游泳池里也有酒水亭，你可与伴侣、朋友趴在水上吧台品味调酒师巧手调配的“自由古巴”等各种美酿。

>> 巴拉德罗旅游商业街 黄卓才 摄

在中国，我还没有见过这么大方周到的酒店。来古巴之前，我在广东阳江市海凌岛一家五星海滨酒店，向吧台小姐问询酒价，一小杯XO人民币300元。按此计算，在巴拉德罗豪饮几天，岂不是要花上万元？正因为饮食美酒的丰盛，这里培养了不少“大胃王”和酒仙，不时可见到肚子胀得圆滚滚的贪杯者喝得酩酊大醉。

古巴纸张的缺乏在这里有所反映。你想看报纸杂志吗？抱歉！连酒店的宣传印刷品也找不到。但我转念一想，既然来到“伊甸园”，又何必记挂纷杂的世事呢？如果你放不开，可以收看电视，中文电视台十分清晰。

我们所住酒店，每天晚上必有娱乐安排。最受年轻人欢迎的夜生活节目可能是海滩篝火晚会了。年轻的情侣固然可以尽情起舞，就算是长者，也完全可以聊发少年狂。因为在夜幕的掩护下，加上啤酒的助力，每一个人都变得充满活力。中心会场有歌舞表演、魔术表演，海滩上有狂欢晚会，酒吧有爵士音乐欣赏，等等。古巴的音乐和舞蹈很有特色，融合了拉美和非洲的强劲、热烈、狂放，节奏明朗欢快。应邀来此的表演者又是艺术院校高水准的演出团体，从强健的肌体到超凡的表演技巧，都令观众如痴如醉。我到韩国、东南亚和中国国内旅游，看一场“秀”动不动就几百元，而在这里却是完全免费。所以我们几乎每场都不错过，积极参与。其中一场魔术表演，我被邀上台当了一回配角——我的手表被魔术师“偷”走了，我却毫无察觉。当他“主动交代”、把手表还给我时，全场观众都为他的技巧和我的懵懂笑翻了。于是，次日见面，就有不少游客笑称我是“最佳配角”。

>> 我当了一回最佳配角　小子　摄

海难上的篝火晚会每隔三天一次，最受激情迸发的情侣和年轻游客欢迎。在夜幕的掩护下，他们可以尽情放开而无所顾忌。

邦国友朋

>> 中古友谊代代相传　黄雅凡　摄

古巴著名侨领周卓明

在我的心目中，周卓明（Jorgo Chao Chiu）先生是古巴侨界中声名远播且最令人敬佩的一员干将。他现时的职务有两个，一个是中华总会馆的西文书记，一个是洪门民治党副主席。中华总会馆和洪门民治党分别是古巴排在第一、第二位的华侨华人社团。在这两个社团组织中，周卓明是历届主席的左膀右臂，双肩挑起了这两个组织的日常事务，说他是一个“总理”的角色，那是一点也不夸张的。

周卓明1943年在哈瓦那出生。父亲是从广东斗门乾务镇去古巴谋生的华侨，在哈瓦那与赵姓华裔女子结婚，生下一飞和卓明兄弟俩。哥哥生于1941年，比卓明大两岁，1959年高中毕业后一直从事侨团工作，通过自学掌握了普通话。1988年起担任古巴中华总会馆主席至2004年去世。1984年中国国庆曾应邀到北京观礼，并返斗门探亲。卓明紧随哥哥之后，1966年（23岁）也进入中华总会馆工作，至今已近50年了，他辅佐过吕戈子、苏子伦、李巨元、段克诚、关绍坚、周一飞、李生和伍迎创等八任前主席，现在又是新任会长崔广昌将军的得力助手。周卓明是中华总会馆和整个古巴华侨社会近半个世纪历史变迁的见证人。

>> 著者陪同周卓明先生在家乡斗门参观 梅子 摄于2015年

周氏兄弟的共同特点，低调、务实、肯干。虽然他们从不宣扬自己，他们的履历、成绩极少见诸书报和网络，但熟悉他们的人都知道，在古巴华侨华人社会一落千丈，侨团处境和个人生活

>> 著者陪同古巴洪门访问团参观广州大学城。左为周卓明，右为古巴洪门财务经理林惠珍女士 小林 摄

都相当困难的情况下，他们怎样兢兢业业地工作，忠心耿耿地为侨社服务，做出了怎样重要的贡献。因此他们在侨胞中有很高威望，也受到广大土生华裔的拥戴。伍迎创主席十分赏识卓明的为人、学识和作风。我去哈瓦那访问时，伍主席跟我说，周卓明学识丰富，为人谦虚谨慎，工作勤勤恳恳，他是哈瓦那现存老华人中唯一精通中文和西班牙文、能讲普通话和粤语的难得人才。

周卓明的名字，我早就如雷贯耳，我俩也早就建立了书信、E-mail 联系。但有缘相会，则是 2011 年的事，那年 8 月底，李识然主席和他（副主席）率领古巴洪门民治党代表团访问广州、佛山、北京等地，主要任务是邀请国内致公党组织和有关人士前往哈瓦那参加于 2012 年 1 月举行的该党成立 125 周年纪念大会和国际学术研讨会。我荣幸地在被邀之列。那一天，我们在五羊新城一家酒楼饮过早茶后，一同前往二沙岛参观广东华侨博物馆，然后共登广州塔（小蛮腰），参观广东科学馆、广州大学城。在万亩果园，又与番禺区致公党的年轻骨干们相聚。当天一起饮茶的，还有暨南大学的古巴侨属颜咏棠教授、梁玲珠医生夫妇。这一次，我有机会结识了番禺致公党的陈建雄等古巴侨属。

通过接触加深了了解，我更加敬佩卓明。自此，我对他以“卓明兄”亲切相称。

由于工作关系，由于他的语言天赋和文字表达能力，也由于他对中华文化的热爱，所以在会馆内外，都非常“抢手”。他经常慰问颐侨居（中华总会馆主办的养老院）的老人，接待来自国内和海外的访客，帮助侨属和华裔双向寻宗问祖，给留学生解决疑难问题，回复研究古巴华侨学者的咨询，接受中文记者的采访……一天到晚都有忙不完的事儿。除了哈瓦那华侨社团的职务外，他还担任北京中国海外联谊会的理事，所以有较多机会来中国访问或参加会议和重大活动，带领华裔青少年来中国参加夏令营。2014 年 1 月，他又与蒋祖廉主席带领一个洪门访问团来访问。我与卓明已经接上了电话，本可再续前缘，一起饮饮茶、聊聊天。但因他们行色匆匆地转战广东各地，竟然失之交臂。

我们的第二次见面，是同年 6 月，在哈瓦那，也就是我和家属访问古巴的时候。从广州出发之前，古巴驻穗总领事菲力克斯先生已经明确告诉我：入境古巴不需要签证。但为了保险起见，我还是通过电子邮件请卓明兄给我发一份中华会馆的邀请。我知道，他的电子邮件是应接不暇的，而古巴的网络又很不给力。然而他却一点也不让我失望，一份由伍迎创主席签署的漂亮请柬及时传了过来。

更加令人感动的是，6 月 3 日那天，他在百忙中完美地为我的跨国家庭访问团组织了一场延请侨领的午宴。那一天，适逢中国人登岸古巴 167 周年纪念。上午 9 时，他带领十多个社团的侨领前往哈瓦那南郊的雷格拉小镇旧港码头向“苦力华工”先侨献花。下午 4 时，又要乘飞机去北京参加世界华侨华人社团的会议。卓明忙而不乱，淡定周到地在洪门总部餐厅订下宴席，并参加了宴会，发表了讲话，还一一介绍各位侨领让我认识。在赶往机场的三轮车上，他还不忘记递给我的翻译小寇一张小纸片，上面是让我去拜访的大沙华前中华会馆主席的地址。

2015 年 7 月底，周卓明应现任珠海市侨务委员的侄子俊达之邀回到家乡。我们又一次见面，并有机会畅叙。我邀请他来暨南大学华侨华人研究院座谈，并对他做了一个两小时的专访。卓明从当地华人教育现状的角度，表示了对“汉语缺失”现象的忧虑。其实，他的忧虑何止这个呢？现时整个古巴侨社的前景都很暗淡，颇有暮色苍茫、大厦将倾之势。古巴现职侨领年事已高，其中已有近 1/3 不懂或基本不懂中文，甚至连自己中国的根在何处，父亲的中文名字是什么也不知道。今后华人社团谁来管理？大量的侨团文物将会落入谁手？老侨们十分担心中华文化在古巴断了血脉，这也是周卓明的一块沉重的心结。

但是时势有时是会逆转的。也许，在不久的将来，会像宋代诗人陆游说的那样：“山重水复疑无路，柳暗花明又一村。”古巴也许不会忘记华侨华人曾经为他们的革命、为他们城乡经济的繁荣做出过多么大的贡献，不会忘记中国人是多么聪明智慧、吃苦耐劳、多才多艺……改革开放中的古巴，总有一天会想起可爱可敬的中国人，重新打开移民的大门，欢迎他们进来。

但愿卓明兄和老侨们的担忧是多余的。

唐仲喜：从清洁工到新侨领

就像石头缝中的小树，数十年如一日努力攀援，顽强生长，终于枝繁叶茂，开花结果……

唐仲喜移民古巴 40 年，由善飞咕省中华会馆的清洁工到该省洪门民治党主席。在古巴那个特殊的社会环境下，她竟然在个体经营中成功地闯出一番功业，令人惊诧。她靠的是运气吗？不，是靠勤劳的双手，以及勇敢和智慧。

携子移民

唐仲喜没有赶上 20 世纪四五十年代古巴的经济繁荣期，她移民古巴，是 1975 年。当时古巴比中国还穷，连古巴人本身都拼命往外跑，有谁肯像她那样移民古巴！

她也是逼于无奈。

18 岁那年，她嫁了一个 53 岁的古巴华侨，而且生下了一个儿子，只好“嫁鸡随鸡，嫁狗随狗”。

她的出嫁，不情不愿，完全被动。

1972 年 10 月上旬，有三个古巴华侨男人来到唐仲喜的家乡——广东省恩平县（后来改市）圣堂镇塘垅村。一个是古巴中华总会馆主席、新会人苏子伦，一个是会馆秘书、斗门人周卓明，还有一个本地华侨胡乙富，古巴生省（维亚克拉拉省）善飞咕市（后来从生省分出来，升级为善飞咕省）中华会馆主席。一行三人，刚刚从北京参加完国庆观礼，衣锦还乡，引人注目。胡乙富更是精神抖擞，因为他返乡的目的，是要娶老婆。

恩平是个大侨乡，历史上去古巴谋生的人很多，华侨回乡娶老婆是很平常的事情，老夫少妻现象也常见。问题是，这个“少妻”不知怎么会鬼使神差地落在唐仲喜头上。

唐仲喜出身农家，幼年丧父，初中毕业后就被招工到县二轻机械厂当工人。此刻，她正专注地开着车床，心无旁骛。她绝对想不到这个姓胡的小老头怎么会找到她。只打过一个照面，母亲已经同意，党支部书记的叔叔竟然帮她办好了结婚手续。仅仅一个星期，唐仲喜就做了新娘。

她当然死活不肯就范。丈夫睡在床上，她趴在桌子上打盹。这样的“持久战”打了一个月，新郎胡乙富终于忍不住了。他向丈人丈母娘告状说，你女儿不肯跟我，就离了吧。丈母娘一听急了，快去求女儿。唐仲喜是想过逃走的，偷渡去香港，或者出走去邻县开平……但那时候交通不便，一个从未出过远门的姑娘，哪有那么大本领。“离婚？以后谁敢娶你啊！”妈妈哭着哄她、求她，她只好缴械投降了。

1975 年，唐仲喜带着未满两岁的儿子海平移民古巴。他们由广州到北京，登上苏联的飞机，经停莫斯科，第三天到达哈瓦那。也许是因为有侨领老公的关系，在莫斯科转机时，中国大使馆送了牛奶水果，母子俩享受了特殊关照。到哈瓦那，也有中华会馆朋友苏子伦、周卓明接待。丈夫姗姗来迟。当他从古巴中部的善飞咕赶到京城时，已经是妻儿到达的第二天晚上 11 点多了。唐仲喜没有责怪老公，善飞咕虽然只距京城 250 千米，但他坐了 18 个多小时的火车。你想想，坐着平均每小时只能走 13 千米的老爷火车，是个什么滋味。

由清洁工到时装师

初来乍到，一无所有。

丈夫胡乙富 18 岁由叔父带去善飞咕，叔父让他在水果铺照看档口。勉强熬了两年，他感到索然无味，就出去找女友，逛街、跳舞。叔父生气，他干脆出走，住进中华会馆。卡斯特罗革命风起云涌，已经入籍的胡乙富秘密加入古巴共产党，成为地下党员；同时加入华侨组织的新民主大同盟。1959 年革命胜利后，他当上了善飞咕中华会馆主席、新民主大同盟（后改名社会主义同盟）主席。他还是持有密探局证书和镶金手枪的密探。虽然身份是如此特殊，地位是这般显赫，胡乙富却告诉老婆，他没有工资，收入全靠“抽水”——老侨到中华会馆来打牌，他每张牌桌收两元。如果哪天天气不好，老侨们不来打牌，他就只是颗粒无收，喝西北风。

像许多华侨一样，胡乙富也没有自己的房子。他们一家三口就寄居在中华会馆，依靠政府凭证配给的一点粮油和生活用品，过着赤贫的日子。

不久又有女儿降生，唐仲喜陷入了彻底的困境。

穷则思变，唐仲喜要工作！适遇中华会馆的清洁工辞职，她接上了班。每月工资 80 比索，工钱很低，但可以接受。那些到会馆来打牌的老侨，多半是在古巴“国有化”运动中被没收了店铺的老板，他们的最初“退休金”只有 40 比索，熬到今时，也只不过 60 比索。相比之下，她很珍惜这份工。

唐仲喜上班，面对的是中华会馆一片脏乱。她花了好大力气才把厕所打扫干净，但到第二天老侨们来打牌，又会弄脏，亟须耐性。会馆里老鼠成群，白天也肆无忌惮出来活动。你坐着打牌，它还会

>> 善飞咕被称为古巴“南部珍珠”，是一个充满法国风情的海港城市和潜水天堂。左图建筑叫巴韩宫，有一个浪漫的爱情故事　百度图片

咬你的脚。有个房间，堆满了纸皮杂物，成了最大的老鼠窝。唐仲喜决心来一场灭鼠战。没有老鼠笼，她想起小时候晒谷场上诱捕麻雀的办法，在房门口的鼠路上，张开一个麻包袋，往袋里扔进去面包。

她在三四米外的隐蔽处拉着一根绳子，等到十只八只老鼠进了袋，她把绳子一拉，袋袋平安。她把麻袋恨恨地往地板上摔拍，如此屡试不爽，灭鼠战役大获全胜。

唐仲喜的清洁工作受到老侨们的赞扬。但微薄的收入毕竟难以维持家计。唐仲喜想到了车衣服（缝纫）。古巴人收入低，但穿着打扮却相当讲究，街上行人尤其是女人一个个都穿得光鲜。善飞咕是古巴中部南岸一个游客众多的国际旅游城市，有“南部珍珠”之称，缝缝补补的功夫固然有得做，就是时装生意也大有机会。于是，唐仲喜弄来了一台旧衣车（缝纫机），在中华会馆一角摆开一个档口。

在古巴那个“消灭私营经济”的年代，她这个个体小档口可能是不合法的。但是，她要吃饭，孩子要吃饭，谁来养活他们？她必须挣扎，必须寻找生计。广东华侨“敢为天下先”的勇气，从某种意义上说是被逼出来的。

也许是在家乡开过几年车床的原因，唐仲喜的裁剪车缝技术的确不错，开张不久就顾客盈门。改补一件旧衣服收费三五比索，缝一件新衣服十多比索，这样的收入比清洁工多了好几倍。她又肯动脑筋，哈瓦那某华侨社团有一批旧草席准备当垃圾处理，他闻讯赶去运回来拆洗干净，编织成草帽出售，在海边旅游区大受市民和游客的欢迎。中华总会馆的沙发破了，她把真皮拆下来，换上新布，先让沙发翻了新。然后，她把还可用的真皮剪下来，擦洗打蜡，又跑到哈瓦那去买来金属环、拉链、铭牌等配件，缝制成一个个时尚手袋、钱包，成了市场上的抢手货。

几年间，唐仲喜的缝补档口逐渐发展成了时装生意。由于设计新颖时尚，车工精巧，她的时装名声远播。1990 年，她应邀参加了哈瓦那华区举办的时装展览会，唐仲喜的艰苦创业登上了第一个高峰。

从翻译导游到餐厅老板

1992 年苏联解体，作为古巴第二大港口、西印度群岛著名良港的善飞咕，香港来的货船取代苏联货船，往来更加频密。与唐仲喜同声同气的香港船员靠岸就要休息，就要玩乐，西班牙文翻译的需求也就多了起来。两年前，唐仲喜已经和长期驻扎于此的梁先生交上了朋友，他以前是一个商船船长，后来升任香港某远洋运输公司的经理。在梁经理和船员的鼓励下，她走出中华会馆，当起了翻译。

>> 唐仲喜的大房子和二手车

当翻译？唐仲喜什么时候学会了西班牙文？只有初中中文文化的她，来古巴后没有机会上学读书，她的西班牙语完全是靠自学得来的。一个15年的新移民，就这样当起了翻译来。这，又是一个奇迹！

而在10年前，1980年，唐仲喜已经为母亲办理了移民。有母亲帮忙料理家务，她从家务中解脱出来，成了善飞咕旅游区中西文兼通的最受欢迎的翻译。

资金的原始积累是最艰难的。她省吃俭用，一个比索一个比索地积钱。她的钱不敢存银行，也不敢让丈夫看见，因为他好赌。她把钱藏得密密实实。

几年之后，她竟然有机会廉价买到了某驻外机构淘汰的一辆轿车。虽然是二手车，但比起街上行走的50年代美国老爷车，它的性能还是优越得多。这台车让她如虎添翼，从此，她的工作又多了一项：导游。

古巴2013年才允许私人买汽车，同时恢复房地产交易，而唐仲喜早就买了车。在1985年又捷足先登买下了一栋建筑面积600平方的临街大宅，房子后面还有200多平方米的空地，可以种菜、种果树、养鸡……

机会总是留给有准备和敢作敢为的人，唐仲喜就属于这类人。

>> 唐仲喜和儿子向广东省致公党赠旗 2015年

有了房子，有了汽车，后来增加到两辆汽车，唐仲喜一跃成为善飞咕首屈一指的中国餐厅老板。她的餐厅名为“卡拉OK餐厅”，服务对象主要是香港海员和欧美游客，也有中国访客和先富起来的当地人。实际上，她的生意还包括旅业。收费标准是每人每天60红比索，包括住宿费、早餐和晚餐，不包午餐。这个标准与首都哈瓦那的私人旅馆相当或略高，但住得更好、吃得更好——龙虾、海蟹、鱼等海鲜和鸡、鹅、鸭……，品种多样，非常丰盛。唐仲喜还学会了烧烤，下厨给客人做酥脆香滑的烤乳猪。而如果客人想在省内游览用车，甚至要她亲自驾车、导游、翻译，也不另外收费。这样方便周到的服务，哪能不大受欢迎呢，生意红火自然不在话下。

唐仲喜成了善飞咕3 000多位华人华裔中艰苦创业的成功人士。

像许多海外华侨一样，创业之路并不平坦，唐仲喜也是历尽艰险才走到今天的。古巴社会治安虽然总体不错，但小偷和盗贼依然存在。唐仲喜的发家岂能不让人眼红？有一次上街，钱包被偷了。还有一次，趁她回中国之机，三个古巴男子入屋打劫，搬走了能够搬走的东西，包括几乎所有的衣物和家具。唐仲喜母亲反抗，还遭到镪水灌喉的严重伤害。而两次都是她亲自破案：第一次请了两位姐妹帮忙，在街上迫使扒手当面交回钱包；第二次智取物证，将三个男贼送进监狱。唐仲喜的机警和勇敢，连古巴警察也不得不叹服。

2012年，唐仲喜被选为古巴洪门民治党善飞咕省支部主席。她是从20世纪70年代移民中成长起来的古巴新侨领。在卡斯特罗时代（1959—2006）的40多年间，中国人移民古巴人数极少，华侨社团出现了严重的断层。唐仲喜从这个断层中拔萃而出，成为承前启后的一代新侨领，令人欣喜，更令人寄予厚望。

2014年，上任不久的唐仲喜为了弘扬中华文化，在善飞咕策划了一场盛大的旗袍表演。她亲自从中国采购了几十套漂亮的旗袍，组织当地华裔姑娘训练。她们的精彩表演被古巴电视台录像后在全国播放，引起轰动。

唐仲喜主席目前正在做几件事。一是加强善飞咕洪门与国内致公党、与家乡的联系，为古巴华裔回国寻宗问祖牵线搭桥。二是组织有关资源，在善飞咕举办中文班。三是请求古巴洪门民治党总部支持 50% 的经费，购买一块地皮，建立善飞咕华人墓园。

当年在石头缝中挣扎生长的小树，现在已经根植在古巴的沃土，成为参天大树。唐仲喜每次回中国访问，都受到广东、广州致公党的欢迎。她为古巴华裔寻宗问祖的工作也有了成果，已经为善飞咕的段伟民找到了他在广州的同父异母哥哥，并让他们见了面。按唐仲喜做事的风格，相信她今后一定会有更大的作为。

>> 唐仲喜向来广州相见的中国华侨历史博物馆黄纪凯馆长捐赠文物（古巴旧币）　黄卓才　摄于 2016 年

我的第一个古巴朋友吕美枝

吕美枝女士是我的第一位古巴华裔朋友，她的西班牙文姓名叫做 Espinosa Luis Mitzi（埃斯皮诺萨・路易斯・米兹）。美枝的名字是我后来给翻译的。

>> 美枝与著者合影于 2009 年

相识的机缘是 2009 年 5 月在暨南大学举行的"第四届海外华人研究与文献收藏机构国际会议"。

"我给你介绍一位古巴朋友……"美国布朗大学古巴研究专家胡其瑜教授指着身边的一位女士，用广州话对我说。

"她叫 Espinosa Luis Mitzi。"胡教授改用普通话加西班牙语，我只听清楚了"米兹（Mitzi）"的字音。

胡教授又用广州话解释："她姓吕，爷爷是新会人，西班牙文的路易斯（Luis），就是吕。"

我有点吃惊。除了个子较小，身材苗条外，外表没有更多的中国人特征，她，身上却有中华族裔的血脉？

>> 著者与美国学者胡其瑜、罗凯蒂，古巴学者吕美枝，法国学者畈兰（由左至右）等参观开平侨立园

后来接触多了，细细端详，我才发现米兹的眼珠果然是黑色的，鼻子也没有像欧洲人那样高。

胡教授是米兹此行的赞助者。米兹在哈瓦那一家公立图书馆工作，是一位档案专家，业余做华侨华人研究。像一般古巴人一样，她收入很低，买不起国际机票。

我问："第一次来中国吗？"

米兹听懂了胡教授的翻译，微笑着点点头。

胡教授告诉我，米兹祖父的家乡是广东新会。

我明白了，除了学术交流，米兹的醉翁之意，还要回乡省亲、寻根。

会议期间，胡教授就热心为她策划，联络新会的亲人，查询路线、租车等。一起参与的还有美国纽约来的两位白人教授——Wilson James Dale（威尔逊·杰姆森·戴尔）、Lopez Kathleen（洛佩兹·凯瑟琳）。他们都有一个中国名字：韦德强、罗凯蒂，都同是古巴华侨研究专家，都会讲普通话。韦德强教授出生于香港，读完小学才随父母返回美国，所以还能说一口非常流利的广州话，他又是一个很好的录像师。罗凯蒂懂中文，是因为曾来中国留学，读的就是暨南大学。

会后我就跟三位美国教授陪美枝到新会去探亲。下面是事后我为侨刊写的报道：

古巴华裔新会探亲记

了却数十年的思念，克服重重困难，古巴华裔 Luis Mitzi（路易斯·米兹）女士终于回到爷爷吕番象的故乡江门市新会区大泽镇吕村东兴里探望亲人。

这是一次不同寻常的探亲，许多细节感人至深！

Mitzi 是来广州开学术会议顺带探亲的。

Mitzi 的爷爷名叫吕番象，1918 年（18 岁）到古巴中部的比亚克拉拉省一个偏远滨海小城西恩富戈斯（Cienfuegcs）谋生，十年后第二次回国时娶妻、生女；1932 年第三次回乡，再添一女。返古巴后，知遇一位 15 岁的西班牙裔姑娘，同居，并生下二女。

不久，同居女友突然离家出走。不知其因，也不知终——据说当年这样的事情在古巴时有发生，不少华侨与古巴女子同居而不婚，家庭并不稳定。吕番象是街头摆摊的小贩，女友出走后，他卖蔬菜水果，赚点小钱养家糊口，不但要养活身边的两个可爱的混血女儿，还要依时依候寄钱回家乡新会给老婆和两个女儿。到了 60 多岁的时候，吕番象无业，也没有退休金，四个女儿像嗷嗷待哺的雁儿，吕番象只能靠以前一点小小积蓄养育她们。

>> 吕美枝姐妹和他的华侨爷爷吕番象 美枝提供

后来，四女儿吕月宝结了婚，生下 Luis Mitzi 姐妹俩。

吕番象十分钟爱这个小孙女，他尽心尽力照顾她，给她讲好多中国和新会家乡的故事，在她幼小的心灵中播下了爱中华、爱家乡、爱亲人的种子。1975年，11岁的Mitzi失去了吕番象爷爷，懂事的她悲痛不已。她慢慢长大，得益于古巴政府的免费教育政策，由小学、中学到大学，从边远小城到首都，她成了哈瓦那某图书馆的管理研究人员、档案专家。随着年龄的增长，她越来越觉得中国爷爷是世界上最好最好的人；她想象，爷爷的新会故乡一定是世界上最美最美的地方……

到中国去！一个迫切的愿望在心中不断升腾。终于，2007年的一天，Mitzi得到一个信息：一个海外华人研究和文献收藏机构的大型国际学术会议将在位于广州的暨南大学召开。她按会议要求提交《古巴西恩富戈斯的华人商业组织初探：1888—1909》的论文，报了名。2 000美元的路费却没有着落。她每月的收入折算起来只有10多美元，日子过得紧紧巴巴的。美国布朗大学族裔研究中心主任胡其瑜华人教授得知情况后，马上伸出援手。会议组织者暨南大学也为她一一排除出国签证的障碍。终于，经过36小时的长途飞行，在荷兰阿姆斯特丹、北京两次转机，日夜兼程来到了广州。

会议结束后，次日早上，Mitzi在胡其瑜教授、美国纽约城市大学罗凯娣教授（白人，女）、美国纽约康涅狄格学院韦德强教授（白人，男）和暨南大学黄卓才教授的陪同下，专程前往新会探亲。

>> 美枝回到中国故乡　黄卓才　摄

新会方面，吕番象后人早已做好准备。一个多小时后，吕家的小车在共和出口顺利接到了广州来的商务车。表兄弟等和不远千里而来的表姐紧紧拥抱在一起，场面十分动人。新会话、广州话、英语、西班牙语，所有的表情和动作，都表达着同一个意思：高兴，太高兴了！美、中四位教授的兴奋程度不亚于主人，胡教授忙于翻译，黄教授忙于摄影，罗教授和韦教授忙于录像……

两台车沿着平坦的新修水泥公路向吕村方向前进。下了高速，公路树木青葱，树枝偶尔轻抚车窗。多美的树枝啊！黄教授灵机一动，送给 Mitzi 一个中国名字：美枝。Mitzi 欣然接受。

到了东兴里吕番象老家，先看故居，再看新屋。

故居是一间低矮的小平房，空置着。为了纪念祖先，小阁楼上保存着吕番象从古巴带回来的金山箱，箱上写着“F.L”的字样，这是吕番象名字的简写啊，里面还装着他穿过的手织土布唐装衣裤和生活用品。吕氏兄弟告诉我们，这个金山箱是传家宝，锁头非常坚固，新会沦陷，日本侵略军入屋抢掠时没有办法把它打开。他们还出示了吕番象手写的三个寄往古巴的航空信封，那是爷爷回国探亲时怕家属不会写西班牙文地址而特意留下的。黄卓才教授的父亲也是古巴华侨，他把《古巴华侨家书故事》送给吕家，并问吕氏兄弟有没有保存爷爷的信。“没有了，都烧掉了，真可惜！”

不远处是吕家新屋，一座三层高的漂亮小洋楼气派十足。屋内布置简洁雅致，登上楼顶，四千多人的大村的兴旺景象尽收眼底。在这里，沉浸在亲情和幸福中的美枝才想起带来的礼物。她给亲人送上爷爷生活过的城市的旅游指南、皮革制的古巴地图、特色餐巾，还有几张难得的《光华报》——古巴华侨社会历史最长、最具影响力的报纸。礼轻情义重，万里之外的加勒比亲人不忘中国的根，在场的人无不热泪盈眶！新会亲人给美枝的回礼，是崭新的人民币。开放改革让他们洗脚上田，吕番象孙辈办工厂、开公司，走上了致富路；重孙辈的年轻人一个个上了大学。面对一个个沉甸甸的“红包”、一沓沓的百元大钞，美枝笑不拢嘴，但婉言辞谢，家乡亲人则硬往她怀里塞。黄教授不禁赞叹：“东兴里”，东方兴起哩，名副其实啊！

>> 吕美枝和他的中国亲戚（部分）
黄卓才　摄

古巴亲人回乡的消息不胫而走，本村的侨属、外村的亲戚，还有看热闹的小孩和老人，把吕家挤得水泄不通。有一个古巴老侨属带着儿子匆匆赶来，托美枝转告他古巴的哥哥，请他早点儿回来安度晚年。他说："我们有钱，一切旅费我们负责，回来后的生活不用担心。"急切之情溢于言表……一直到了午后好久，大家才想起吃饭。

吕氏兄弟在新会城一家豪华酒家宴客。饭后，又带美枝表姐回到会城的家，行拜祭祖先之礼，然后依依惜别。

美枝回国后我们以电子邮件保持联系。古巴上网费很贵，一般百姓消费不起，美枝还好，信箱容量虽小，但写信没有问题，传送小附件也可以。我估计她是利用了图书馆的网络，公私兼顾。

困难在于语言障碍，她给我写西班牙文，我给她写中文，彼此都看不懂。好在网上有在线翻译，也就可以读出个大意。

美枝把我的书《古巴华侨家书故事》带回去，认真研读。她怎么读中文书呢？初时，大概是借助我书中的图片，个别的英文和西班牙文单词去猜测；她还善于请教身边的懂中文的华侨华裔。在暨南大学开会的时候，胡教授已经反复跟她讲述过我和父亲母亲的故事，而她又是一个华侨华人研究专家、档案专家，领会能力是不容置疑的，对我想追寻父亲和古巴老侨事迹的意愿也心领神会。于是，不断传来她的调查研究新发现。她提供的资料为我后来修订出版的《鸿雁飞越加勒比——古巴华侨家书纪事》帮助很大。

2009 年 3 月，美籍华人教授刘博智第一次去古巴。当时我和他都不认识美枝，刘教授不熟门路，自然困难重重。他当时是堪萨斯大学摄影系主任，看了我的书《古巴华侨家书故事》，对古巴和当地华侨产生了浓厚兴趣。但由于美国的长期封锁，美国人要去古巴是不容易的。刘教授是勇者，曾经只身闯荡过 30 多个国家，专门拍摄华侨华人。这一次，他以一贯冒险的风格，单枪匹马，深入位于古巴中部的大萨瓜，追踪我父亲的事迹。凭着坚忍不拔的努力，找到了我父亲曾任职和居住过的中华会馆，找到了与我父亲相熟的一对黄姓华裔兄弟阿雄和阿杰，找到了世界级华裔大画家林飞龙的故居和纪念公园……其后第二次再去，情况就不同了。刘教授邀约了一位年轻朋友——谭艳萍小姐同去。她是在北京工作的古巴海归。

有了这位熟悉古巴、懂西班牙文和会讲台山话的助手，又通过我的介绍，找到美枝，于是如虎添翼。他们在大萨瓜住了一个月，调查研究工作取得了丰硕成果。

>> 会上，美枝和欧美学者朋友同读我的书。拿着书的是罗凯蒂教授，后右立者是韦德强教授

结交了国际学者朋友，美枝的研究工作也有了长足进展。2009 年 9 月，她的论文《古巴西恩富戈斯地区中国商人社会研究》被翻译成中文，在《中国社会科学报》发表。

2011 年春，美枝获得由中国国际广播电台和中国驻古巴大使馆分别提供的哈瓦那至北京的往返机票一张，并在中国进行为期一周的参观访问。这是一个很有意义的奖项——2010 年 11 月 10 日，由中国国际广播电台、中国驻古巴大使馆、古巴对外友协联合主办的“庆祝中古建交 50 周年知识竞赛”决赛在中国驻古巴大使馆举行。通过广播节目和网站专题等方式，电台主持人对中古关系以及中国国情进行提问，最终有 350 名古巴民众通过网上答题和邮寄答卷的方式参加了活动。中国国际广播电台根据初赛答题情况，推荐 10 名优秀参赛者参加最终决赛。当日，决赛采取淘汰赛的方式，共进行 3 轮比赛。最终，档案专家吕美枝和来自哈瓦那的年轻大学生 Yanet Leyva Gil 获得了决赛的特等奖。

>> 这位一心小姐（古巴来华留学生）竟是著者的台山同乡　胡海平　摄于 2016 年

随后，美枝调到古巴洪门民治党古巴总部工作。2012 年 1 月 20 日，该党举行成立 120 周年国际学术研讨会，在哈瓦那，她又见到了胡其瑜、罗凯蒂、韦德强等老朋友。

2013 年，罗凯蒂在美国出版了一本书，讲的就是美枝一家的故事。可惜我至今还没有见到这本书。

我见到了蔡将军

一位非常和善的兄长，一条雄风犹在的蛟龙！这是他给我留下的第一印象。

他就是古巴的华裔阿曼多·蔡将军（Armando Choy）。

我早就知道古巴有三位华裔将军，阿曼多·蔡、莫伊塞斯·邵黄（Moises Sio Wong）、古斯塔沃·崔（Gustavo Chui），都是卡斯特罗革命中在格瓦拉身边成长起来的英雄人物。

蔡将军第一次来华，到番禺寻根。我很想见到他。在有关部门帮助下得偿所愿，见面的时间定在5月21日上午9时，地点：广州白天鹅宾馆。

>> 著者和蔡将军在交谈 贺宇 摄

我带去了自己的著作《古巴华侨家书故事》，签名送给他。还有《我们的历史并未终结》中译本，刊登着他蒙特利尔之行长篇报道的加拿大《七天》报，以及我正在排版的新书《鸿雁飞越加勒比——古巴华侨家书纪事》的片段资料。这些书刊资料里面有我们共同感兴趣的话题。

好像久别重逢的亲人，我们的交谈无拘无束。我告诉蔡将军，我的古巴义弟依达贝尔托1956年在大萨瓜参加“7·26”组织，投入革命，可惜1958年年初就牺牲了。将军回忆起当年的情景颇为激动。他说其时正当革命高潮，青年踊跃参战，华人也很支持。他当时是上尉，队伍里就有六个华人。他不认识我义弟，但应是战友，曾一起在比亚克拉拉省的西恩富戈斯、大萨瓜地区并肩战斗过。

蔡将军问我，邵黄是你的兄弟吗？我灵机一动，说：“我们同姓，同为1938年出生，是远房弟兄。只不过我是台山人，邵黄将军祖籍在增城。”在场的中国对外友协王宏强先生、广东省对外友协贺宇小姐和翻译刘小姐都会意地笑了。将军和他同来的上校儿子也天真地笑了。

蔡将军问我有没有去过古巴，他表示，我到古巴，一定带我到父亲生活过的大萨瓜去。我说，大萨瓜中华会馆历史悠久，曾经非常鼎盛，但现在人去楼空了。你是中华总会馆副主席，我希望你想办法保护好会馆房产，不要让它变成古巴居民住宅。将军说，你反映的问题很重要，我回去要开会研究……

>> 紧握手，好朋友　贺宇　摄
著者与古巴将军的合影。左二为蔡将军，左一是蔡上校，右一为中国对外友协的王宏强先生

谈话时，将军的儿子阿曼多·拉萨罗·蔡上校神情投入，但不多说话，只忙着帮助父亲翻阅书籍资料。一个有着华人孝顺基因的年轻人。

临别，我们留下了很有意思的合照——四个人的手紧紧握在一起。此刻，我真切感觉到，中华血脉在跳动，在流通！

又记：

我与蔡将军再次相会，是在 2014 年 6 月 3 日，中国人登岸古巴 167 周年纪念日那天，在哈瓦那洪门总部，我们黄家访问团宴请全体侨领的时候。

我把《鸿雁飞越加勒比——古巴华侨家书纪事》带给他看。书中的彩页和内文，载入了上面的照片和短文。他虽然不懂中文，但看得很认真。周卓明书记给他翻译，他更看得津津有味。

>> 蔡将军与著者在哈瓦那合影　黄雅凡　摄

古巴白人花旦到我家

难以置信，两位白人花旦真的到我家来了。

我的朋友刘博智教授就是那么牛。他要办的事，总是会办到。

开始听他说要把两个年近八旬、从未出过远门的古巴老太太带来香港、广州、开平，我真为他捏一把汗。现在，他真的带来了！

何秋兰，白皮肤，高鼻子，完全是白种人的长相，我在照片、录像上看过，非常熟悉。黄美玉，初次见面。也是美人坯子，但皮肤黝黑，有点像非洲人。在餐桌旁，旅途劳顿已消，她俩都精神焕发，不太显老。

>> 著者在家中接待何秋兰、黄美玉

何秋兰未满一岁就被华侨方标收养。方标是广东开平富家子弟，因迷恋“大戏”粤剧被父母反对而于1923年出走古巴。他教秋兰讲台山话，又为她请来粤剧师傅董祥。董祥教秋兰读中文书、写汉字、唱功谱、做戏。八岁，秋兰就跟着师傅上台表演。她饰花旦，美玉扮丫环，因扮相唱功俱佳，很快走红中国城。

方标继续以洗衣、洗碗、卖彩票为生，还组织了一个粤剧团。秋兰和美玉先后嫁人（分别是开平人、台山人），继续做戏。自20世纪60年代起，古巴华人社会逐渐衰落，粤剧随之式微，她们只好改行。何秋兰改做酒店服务员，退休后在《光华报》报馆做排字工人。像所有吃大锅饭的古巴人一样，生活比较清苦。

何秋兰和黄美玉是好邻居，从年轻时起就是哈瓦那粤剧戏台上的搭档。几十年不做戏了，只是偶尔私下唱一唱，拜拜华光，做做粤剧梦。想不到前年偶遇美国华人摄影家刘博智教授，勾起了她们尘封的记忆和戏瘾；更想不到能得贵人资助，到中国来寻根——养父的根、夫君的根、大戏的根。

她们去了西关老城区的八和会馆。在广州这个粤剧老家，她们化了真正的粤剧装，穿上了地道的戏服。八音齐鸣，锣鼓喧天，在花城“大戏”老行尊和发烧友面前，她们回到了少女时代。于是，兰花指、花旦步，“查笃撑”，手舞足蹈，放声高歌……

在我家，她们要寻的根，是亲情，是四邑美食。有朋自远方来，不亦乐乎！我太太给她们做了药材炖鸡、猪骨淮山薏米肇实薯仔汤，还有清蒸大海鲈、石牌欧记烧鹅、清水芦荀等。还请她们尝了澳洲的红酒、美国的朱古力、泰国的榴梿糖……她们胃口大开，连连竖起大拇指，用台山话说：“好吃！好吃！”她们怀旧，对久违的话梅情有独钟，吃了好几枚。临别，我们送了她们一罐最好的从化特产甜话梅。

这是2011年5月8日的事情。同来我家做客的，还有一位古巴华裔来广州深造的留学生。

>> 家宴招待何秋兰、黄美玉 黄卓才 拍

华裔名士吴帝胄

>> 吴帝胄参观广东华侨博物馆

啊，回来了！吴帝胄终于回来了！

得到美国布朗大学教授胡其瑜、堪萨斯大学教授刘博智等国际学术界热心人士的慷慨资助，81 岁高龄的古巴华裔名人吴帝胄（Pedro Eng Herrera）终于在 2014 年 5 月 9 日回到广州！

事情缘起于 2013 年 4 月，胡其瑜教授到古巴再次访问吴帝胄。他们已经算是老朋友了。深谈中，吴帝胄说了一句话："我很想回中国看一眼。"胡教授深知这句话的分量！她被感动了，立即表示："好，我们给你买机票！"

见到美丽繁华的广州，吴帝胄异常兴奋，彻夜难眠。第二天一早，就与胡其瑜、刘博智两位教授一起参加了中山大学的拉美移民学术

>> 广东省侨办主任吴锐成（右四）接见吴帝胄

研讨会。就在这个会上，我第一次见到了这位古巴华裔名宿的风采。

两天后，他应广东省侨办的邀请，住进了广州华厦大酒店，并开始了为期四天的访问活动。省侨办主任吴锐成、副主任林琳接见了他，《广东华侨史》主编张应龙教授和编写组工作人员对他进行了口述历史的采访。然后，省侨办招待他“广州一日游”……在此期间，吴帝胄有机会与从未谋面的广州亲人欢聚，和他们一起畅游花城，我和刘博智教授也有机会跟他漫步珠江边、海珠桥，促膝夜谈，并与桥上的游人聊天，听街头音乐家弹琴。吴帝胄对桥上的以抗日战争和解放战争为题材的历史雕塑特别感兴趣，拍下了多张照片。

■新会侨刊

八十载魂牵故土难遂愿　二万里飞达新会终圆梦

旅古华裔乡亲吴帝胄古井寻根祭祖

>>《新会侨刊》报道版面之一

其后，广东省侨办派车送他回家乡新会祭祖，除广州的亲属同行外，还有胡教授、刘教授及侨办工作人员陪伴。

在古井镇，镇政府设宴招待，让他品尝了驰名远近且是他老爸当年最爱吃的一道名菜——古井烧鹅。回到家乡文楼，更有很多乡亲闻讯而来，陪同他看父亲住过的祖屋，上山扫墓。吴帝胄了却了数十年的心愿，早前脸上的凝重之色一扫而光，换上的是灿烂笑容。广州亲属见他如此健康硬朗，原来对他这么高龄能否胜任远行的担心也放下了。事后，《新会侨刊》以《旅古华裔乡亲吴帝胄古井寻根祭祖》为正题，图文并茂地大篇幅报道了老人在家乡的活动。“八十载魂牵故土难遂愿　二万里飞达新会终圆梦”的眉题，为他做了高度的概括。

吴帝胄此行的确来之不易，足足准备了一年。

早在2013年4月，胡教授、刘教授就开始指导他办护照。7月，经我引荐，广东省侨办《广东华侨史》编写组已经向吴帝胄发出了邀请书。吴帝胄的运气特别好，适遇古巴政府颁布开放公民出国旅游的新法律，他顺利拿到签证。

吴帝胄1935年1月15日在古巴出生。父亲是旅古华侨吴国祥，新会古井镇文楼乡人，曾任哈瓦那《华文商报》记者、编辑。1970年，他获得免费乘中国货船回国的机会，1973年终老于家乡双龙村。帝胄的母亲埃尔维拉·埃雷尔（Elvira Herrer）是西班牙移民后裔，一个美丽的白人女性，生下第三个孩子帝胄，18个月后死于天花。父亲将年幼的儿子带去哈瓦那唐人街，除了舞文弄墨，还经营过多种生意：杂货铺，水果摊，雪糕店，鱼档，餐馆，菜园，赌档。吴帝胄在唐人街长大，幼时只会说广东四邑话，五岁后进入中华双语学校，才开始学讲西班牙语。少年吴帝胄曾加入国民党的三民主义青年团，还是乐队的乐手。

“帝胄”意为作战时保护皇帝头部的装具，也可以解释为皇帝的后裔。父亲给他起的名字隐含深意，这个儿子没有辜负父亲的期望。17岁时，帝胄离开嗜赌成性的父亲，开始到唐人街以外的世界闯荡。1959年卡斯特罗革命爆发后不久，他和成千上万的激情澎湃的年轻人一起，加入国民革命民兵队，还组织50个和他一样的华裔革命者成立了一支特殊的华裔民兵队伍。这支队伍身穿天蓝色衬衫，橄榄绿长裤和黑色贝雷帽，手持德国“二战”老步枪，并用广东话来发号施令。他们自认为是19世纪成千上万为古巴独立而战的华人后代，就连他们的民兵队也是为纪念自由战士José Wong（黄淘白）而命名为黄淘白华裔民兵队。黄淘白是中国大革命时期的左派，1928年去古巴，创立美洲（古巴）华侨拥护工农革命大同盟（后改名社会主义同盟），并曾创办《工农呼声》（后改名《光华报》），宣传民族民主革命思想，1930年被马查多政府以共产党嫌疑逮捕、杀害。卡斯特罗政府上台初期，吴帝胄和他的华裔民兵同志参与了清除唐人街妓院、赌场、鸦片馆等一系列活动。与此同时，他还和其他的左翼古巴华裔成立了新民主同盟，在工人运动中非常活跃。

1960 年 10 月 1 日，在中华人民共和国成立 11 周年之际，吴帝胄和他的伙伴们把中华人民共和国国旗插在了中华会馆的屋顶。它的主人，已经携带钱款逃往美国。“我们成了维护革命秩序的一支力量。”吴帝胄非常自豪。

>> 吴帝胄浓墨重彩描画以前唐人街的繁华景象

我半认真半开玩笑地问他：“你们当时冲入唐人街，有没有做过损害华侨利益的坏事？”

“没有！”他很肯定地回答。

我知道，古巴新政府最初禁毒禁赌的决定具有“道德成分”的特点，是受到人民群众欢迎的。

1961 年 4 月 17 日，逃亡美国的古巴人在中央情报局的协助下，在猪湾发动进攻，企图推翻新政权。黄淘白民兵队曾被派往战场迎战入侵之敌。

其后，民兵队解散，吴帝胄和部分战友当了警察。但只干了三个月，他就辞职了，原因是待遇太低。他曾经去餐馆和食品批发店打工，后来加入国家安全部。听说吴帝胄有过被国安部开除的惨痛经历。我问原因，他说是被指“亲中”。“文革”期间中苏不和，古巴倒向苏联，中古关系一度变坏。

>> 吴帝胄画的《奶母白鹿》

无论如何，在人们的印象中，吴帝胄还是一个革命者、革命家。奇怪的是，他晚年竟然信佛。我问为什么，他说：“拜拜佛，心里很舒服。”我想，人生起伏曲折的经历，理想与现实的反差，等等，都可能是他需求精神慰藉的真正原因。

在中山大学，吴帝胄用PPT展示了他的画作，并给一位学生赠送了手绘的格瓦拉画像。50多年来，他生活在哈瓦那附近一个叫瓜纳瓦科阿（Guanabacoa）的小镇里。现时的养老金只有91比索（相当于3.64美元），生活非常清苦，原本高大的身躯已经矮缩到一米六。但他一直坚持进行自发的艺术创作。古巴缺少颜料、纸笔墨和画布，他却能用杂七杂八的材料图画。他遵循心中“原始天真”的中古民间文化传统，用鲜艳明亮的色彩，描绘孔子、关羽、孙中山等中国杰出历史人物，画他最崇拜的革命英雄切·格瓦拉，以及1959年古巴革命前五彩缤纷的哈瓦那华人社区。他爱古巴，也爱中国。他有一幅代表作，万里长城在整个画面蜿蜒，中间是浩瀚的哈瓦那海湾和古老的摩罗城堡，古巴国旗和五星红旗并立飘扬。这就充分表现了他的古巴—中国情结。他朴素的家，外墙也是用于创作的“画布”。上面画有切·格瓦拉和他在玻利维亚的革命场景，表达自己对这位革命英雄的敬意。他的美术作品里一个常见的主题是大朵金黄色向日葵——“生命之花”。吴帝胄最喜欢它“向阳而生”的个性。他画过一幅《奶母白鹿》，描绘白鹿把一个婴儿哺养得白白胖胖。这个动物与人的爱心故事来源于中国古代传说，从中也可见这位古巴华裔画家的中华文化传承。

>>《中国人在古巴，1847至今》封面

吴帝胄在广州期间，适逢另一位古巴华裔超现实主义画家陈国成（Luis Chang Painfer）在华侨博物馆举行个展，我们一起去捧场。

“你卖画吗？”闲谈中我问帝胄。他说从来不卖，只送人。

“想不想也在广州开个个人画展？”

“当然想啦，”他说，“但（古巴）政府不让我带画出境。”

这让我有点不明白。比他有名的华裔画家邝秋云（Flara

Fong）也曾带作品来上海开画展，他怎么就不行？也许他还没摸清申请的门路。他真是个老实巴交的人。

吴帝胄不但是一位自学成才、有自己独特风格的画家，而且还是颇有成就的民间历史学家。他关心时事，研究历史，能用打字机写作，用西班牙文和少量中文讲自己的经历和古巴华人的百年沧桑。2008 年，他与古巴前驻中国、越南大使加西加（Mauro Garcia Triana）合著的《中国人在古巴，1847 至今》一书，由美国朋友译成英文在美国出版。封面的画就是他那幅以古中友好为主题的代表作。他这次来广州，还把一本西文书稿《中国移民在瓜纳瓦科阿的笔记》交给我，委托我为他寻求中文翻译和出版机会。八旬老人依然笔耕不止，目的是保存中国人在古巴奋斗的历史，其高尚情怀令我肃然起敬。

这位八旬老人至今没有闲着。他欢迎学校的老师和学生参观他的家，通过他的作品来了解革命。吴帝胄也会欣然前往学校，亲口向孩子们讲述为古巴独立而战的中国战士以及华裔民兵在革命中的故事。

帝胄的西裔妻子叫贝京（Belkis），他们在一起幸福生活了 60 年后，贝京于三年前去世。他经常去哈瓦那看望他至爱的女儿丽婵（Laysim），以及接待世界各地慕名而来的客人。他们来聆听他的人生故事，欣赏他的艺术，以及了解古巴华人的历史。他的日子总是过得那么充实。

吴帝胄从广州回国后，托在哈瓦那大学留学的博士生小寇（寇顺超）给我送来一幅画。画面上描写的是他家门前的美丽景象——蓝天白云下，红屋顶、黄柱子的凉亭，青绿的树木和草地，色彩缤纷的繁花，清澈的小河里有亭子和花木的倒影……我明白，他回到中国家乡看过“一眼”之后，很开心，很快乐！

古巴—中国紧相连

——记华裔画家陈国成

认识古巴华裔画家陈国成（Luis Chang）先生，实属偶然。

那天，我突然接到一位朋友的求助电话，说有个古巴华裔画家要在广州举行画展，现在正在和他的台山家乡的亲戚把装裱好的作品运往展出场所——广东华侨博物馆。但今天是星期日，华侨博物馆不开门，让我给馆长打个电话，设法收下展品。

有此机缘，展览开幕式我即前往捧场。

陈国成是个中年人，纯粹的华人面孔。只是由于古巴的水土影响，皮肤略显黝黑。他扎着一条辫子，背一个塞满油画工具和画作的又大又旧的背包，一副艺术家惯常的随意装扮。据介绍，他父亲陈应伟和母亲朱恨都是广东台山市三合镇人，古巴华侨。陈国成于1954年6月21日在哈瓦那出生。哈瓦那大学油画系毕业，获文学硕士学位。现在是个自由职业者，以教画和卖画为生。我问他，在古巴现时物资比较缺乏的情况下，像你这样的自由职业者是否可以维持生活。他说，这是没有问题的。古巴的黑市物价低廉，一斤猪肉25比索（相当于1美元）；一斤排骨16比索（相当于0.64美元）；牛肉一斤50~75比索（相当于2~3美元），鸡蛋25比索（1美元）可以买到14只；大米（越南米或巴西米）1美元四五斤；古巴人最喜欢吃的黑豆，一斤10~20比索约0.8美元，……他把自己的画卖给从迈阿密等地回国旅游探亲的海外同胞，换得较多美元，所以不但生活无忧，回中国的机票和搞展览的费用也付得起。

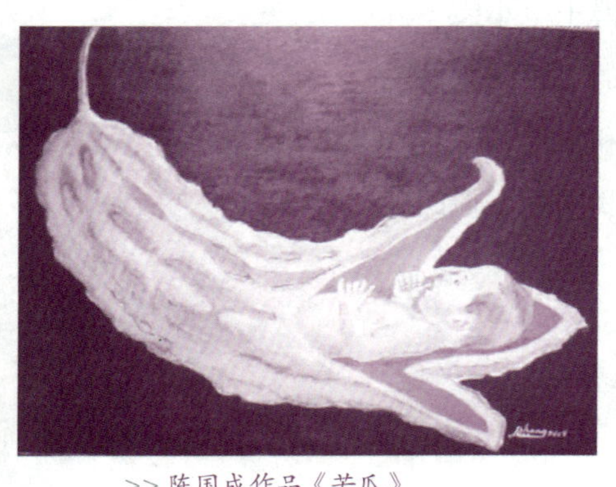

>> 陈国成作品《苦瓜》

陈国成喜欢画风景，更善画婴儿和猫。他给我太太的赠画，就是画两只小猫和哈瓦那小白宫的。我看国成展出的作品，觉得很有意思。比如画一个婴儿，藏身在苦瓜的裂口处。这个婴儿头发是金色的，皮肤是白白的，眼睛却是黑色的。细心想想，古巴没有苦瓜，那显然是中国的东西了；金色的头发和黑眼睛，则是中西混血儿的特征。画家正是以这样的意象，表现了中古两国密不可分的血缘关系。

>> 陈国成向观众介绍自己的作品

回到广州后，他为美丽的小蛮腰（广州塔）所震撼，马上涌出灵感：一个中古混血的婴儿，骑在一支巨型的雪茄上，从生长着国王棕榈（古巴国树）的加勒比海滨出发，漂过太平洋来到广州珠江边的小蛮腰……在他心中，古巴和中国永远是相连的。

陈国成是个超现实主义画家，但他的画不像古巴上一代的华裔超现实主义大师林飞龙（Wifredo Lam）的作品那么抽象，也不像他同辈的另一位华裔超现实主义女画家邝秋云（Flora Fong）那样难以理解。他画哈瓦那古城堡、旧建筑和老爷车，画唐人街，画山水，都是写真的，只不过在画面的组合和构思上把不可能摆在一起的元素集中到一个画面上。他的“超现实”建立在现实真实的基础上，所以一般都能为读者所领会和欣赏。正因为这样，他在广州的展览，参观者反应热烈，获得了成功。

>> 陈国成善画猫

其后，我有机会与画家继续交往，用家乡台山话交流，让我增加了对他的了解。国成喜欢无拘无束的自由生活，所以至今仍是单身。他懂得多国语言，包括西班牙语、英语、日语、德语等。在哈瓦那建立了个人画廊，先后应邀在该市双年展、Mariamao 博物馆、Guanabacoa 艺术中心和哈瓦那艺术画廊举办个展，其作品先后被古巴、美国、法国、英国、中国等国的画廊、美术馆等收藏机构及个人收藏。他在古巴洪门民治党总部礼堂的墙壁上，画了一幅很大的山水画，画面山川景物气势磅礴，色彩鲜艳和谐，与广东画家关山月的国画的《江山如此多娇》有异曲同工之妙。

陈国成回古巴，带了许多画笔和颜料。我相信他会以更多的激情，描绘飞架大洋两岸的美丽彩虹。

我的古巴外交官朋友

——记菲力克斯总领事伉俪

我和古巴驻广州总领事菲力克斯（F é lix Ra ú l Rojas Cruz）先生伉俪成为好友，完全是缘分。

2011年秋，我出版了《鸿雁飞越加勒比——古巴华侨家书纪事》一书，想送给古巴朋友，听听他们反馈的意见。于是我冒昧地给素不相识的菲力克斯总领事写信，毛遂自荐。很快收到总领事馆秘书肖小姐打来的电话，说总领事邀请我和家人某日在珠江新城某酒店见面。

我和太太、儿子依约前往。总领事夫妇和肖小姐已经等在那里了。总领事壮实高大，留着卡斯特罗式的大胡子，给我的第一印象是热情、和善、平易近人。他的夫人、副领事安娜（Ana Maria Garcia Ternblom）是个温文尔雅的美丽女性。我把自己的新著《鸿雁飞越加勒比——古巴华侨家书纪事》送给他们。总领事虽然读不懂中文，但他一看英文书名，翻阅了书中我父亲的家书（有西班牙文地址）以及人物、风光插图，就已明白了几分。再通过肖小姐的翻译，他立即做出“这是一本好书”的判断；并说要把我这本书放在总领事馆，送给来访的客人，并问我怎样购买这本书。我觉得他是一个睿智和果断的人。

>> 与菲力克斯的合影

总领事夫妇备下了上好的酒菜，席间的聊天无拘无束，非常愉快。他们细心倾听了我讲述父亲旅居古巴和家书的故事，分享了我的痛苦和快乐。就是在这次酒席上，我和太太、小儿子第一次品尝了古巴国酒——朗姆酒。

不几天，总领事馆果然向出版社购买了40本书。

>> 著者与总领事伉俪合影

随着交往的加深，我们亲如兄弟。菲力克斯是一个很有情趣的人，热情爽朗，幽默风趣。他那浓眉下的一双黑眼睛似乎洞察一切。我父亲侨居古巴大沙华50年，晚年终老于斯，所以我和家属都有很深的古巴情结，早就策划着去扫墓，去访问旅游。但遥遥万里的旅程和种种负面信息，比如交通不便、行动不自由、食物匮乏等，使我犹豫未决。针对我的狐疑，总领事告诉我："到古巴，你可以到处走动，随便拍照。""你带人民币去，不怕没东西吃。""去过古巴，你将会更年轻，更健康。"言辞中既有对我的鼓励和婉转批评，也流露着对自己祖国的热爱与信心。谈到古巴的发展前景，他充满期待。

菲力克斯是一个宣传家、演说家。他对广东侨乡很有兴趣，总想多去走走看看。我说台山、新会有"古巴村"，他就常记于心。他曾深入中山、江门、肇庆、惠州等地，宣传古中友谊，推介古巴旅游。有一次我陪同他到中山市科技学院做报告，然后访问著名侨乡。在石岐镇长洲村，他兴致勃勃地参观，听讲解，看表演。在村中的"烟雨书院"，他提出了好些关于民间风俗和中国国学的问题。对于与古巴有关的社会活动，他会积极参加。2012年6月3日，是中国人抵达古巴165周年纪念日，古巴驻广州总领事馆和暨南大学华侨华人研究院联合举办报告会，主要报告人就是总领

>> 总领事伉俪参观中山市石岐镇长洲乡烟书洲院 黄卓才 摄

事。他指出，参加 1895 年第二次独立战争的华人有 75% 来自广东省。后来的古巴华侨社会主义同盟，主要是由广东籍华人组成的。这些数据资料都是他发掘出来的，受到专家和媒体的重视。菲力克斯演讲说的是西班牙文，很多人听不懂，但他声情并茂，又配有 DVD 视频，所以未经翻译听众已经明白几分。我有机会与他同场演讲，感到非常荣幸。

>> 总领事临别访问暨南大学华侨研究院　华院　摄

菲力克斯还是个学者型的职业外交官。他处处留心观察中国社会现象，深入分析政治经济问题。谈到开放改革，他认为古巴在发展过程中非常注意环境保护，这与亲如兄弟的中国经验是分不开的。他对华侨研究有浓厚兴趣，说是受到我的影响。其实我觉得，他研究华侨是出于古巴开放改革的需要。华侨在中国革命历史上，尤其是在改革开放中起到了十分重要的作用。古巴在美国、南美等地有 200 多万侨民，怎样借鉴中国的侨务工作经验，吸引侨民回国投资，这是一个很有现实意义的研究课题。菲力克斯十分虚心好学。有一次，他写了一篇关于广东侨务经验的文章，让秘书肖小姐译成中文，然后要我提意见和修改。我按常规先说文章的优点，他却打断我的话，只让我说问题和缺点。他是真诚的，我也就“有碗数碗有碟数碟”了。总领事有很强的求知欲，我把他介绍给我的工作单位暨南大学华侨研究院。认识了院长曹云华、副院长陈奕平等一批专家，他很高兴，一直保持交往。

总领事情长义重，在公开场合常说我是他最要好的中国朋友。他希望有更多像我这样的古巴侨属和热心人士，来推动中古民间交流。他夫妇俩热爱中国，喜欢广州，特别欣赏广州朴实的人情和可口的美食。有一次，我请他们到暨南大学来，在明湖楼餐厅吃饭，点的都是一般广东家常菜，他们却吃得很香。眼看任期快到，不久就要奉命调动，安娜动情地说：广州人好，真舍不得走。临别前，总领事夫妇在他们珠江边的美丽居所里以隆重家宴招待我们。同时应邀的还有我的两位朋友：前来中国访问的古巴华裔超现实主义画家陈国成先生和广东省致公党接待处前处长刘丽萍女士。女主人安娜领事亲自下厨，给我们做了烤猪肉、红烧鱼等非常好吃的古巴菜，还有特色黑豆汤、黑豆饭和餐前小食，让我们尝到了真正的古巴风味。

总领事伉俪即将起程回国了，我衷心祝愿他们一帆风顺，前程似锦！

跋

我追寻古巴华侨华人的踪迹，是从整理、出版先父黄宝世的家书入手的。那是十多年前的事了。

中国人 1847 年开始移民古巴，至今已有近 170 年的历史。这段历史曾经无比辉煌，而又饱含沧桑和血泪。华人是古巴民族独立和国家建构的积极参与者，在 19 世纪末两次独立战争中立下了不朽的功勋。在古巴人口结构中，华人是古巴除了西裔和非洲裔以外第三个重要的族权。古巴华人人数一度居于拉丁美洲华人之首，几乎和美国华人一样多。当年哈瓦那华人街的繁华程度仅次于三藩市……而在世界各地华侨中，他们所受的苦难也是最深的。由 19 世纪的“猪仔”劳工到 20 世纪上半期的劳工法（俗称五十工例），下半期的“消灭个体经济”运动，无不让华侨留下刻骨铭心的伤痕。即便如此，由契约华工到自由移民 170 年来延续下来的数以十万计的华人后裔，在当今古巴改革开放的时代潮流中，依然满怀激情地迎接社会变革的到来，一马当先……

因其辉煌，因其对侨居国和祖国做出的伟大贡献，也因为难以想象的深重苦难，长期以来，国内外侨界人士和人文学者对于古巴华侨华人这段历史的关注从未间断。从 1927 年古巴华裔安东尼·恰法特·拉图尔（Antonio Chuffat Latour）的《古巴华人史略》，或更早期有关古巴华侨华人的著作算起，到 2013 年国内青年学者袁艳博士的《融入与疏离：华侨华人在古巴》面世，全世界留下了一批古巴华人研究著作，但不算太多，或者说远远不够。特别是这 50 多年，在古巴，在中国本土，研究者和著作都寥寥可数。

非常幸运的是，在新世纪古巴研究的山野中，也有我栽植的一棵小树，那就是暨南大学出版社 2006 年出版的《古巴华侨家书故事》。此书后来更名《鸿雁飞越加勒比——古巴华侨家书纪事》，于 2011 年、2016 年两次推出修订版。其英文版和西班牙文版也有望在不久的将来与海外出版社联合出书。《鸿雁飞越加勒比——古巴华侨家书纪事》还荣获《中国作家》第二届“中山杯”华侨华人文学奖，被史学界、文学界誉为“填补了古巴当代华侨史的空白”。

然而，这仅仅是追寻古巴华侨华人踪迹的第一步，我没有理由就此歇息。我虽无“雷霆不移”的“仁者之勇”，却有“广其学而坚其守”之心。我必须继续前行，到侨乡去，到古巴去，到友朋中去，到文物资料中去，追溯，寻觅，挖掘……

这本《古巴随笔》，是我近年追寻古巴华人足迹的又一个小收获，谨以此呈献给所有心怀古巴情结和有万里寻“龙”兴致的读者朋友。

2016 年是中国与拉丁美洲及加勒比地区的“中拉文化交流年”。仲春时节，美国总统奥巴马访问古巴，结束两国大半个世纪不相往来的历史，为本来已经滚烫的“古巴热”加了一把火。2017 年 6 月 3 日则是中国人抵达古巴 170 周年纪念日。本书得以在此期间面市，必须感谢两位富有远见卓识的伯乐：广东高等教育出版社副社长兼副总编辑刘宗贵先生和高等教育编辑部主任黄跃升先生。同时我要向徐世澄先生致敬，他是一位古巴研究的权威专家，因为我们十年的友谊和心心相通的“古巴情结”，在百忙中为我作序，令我感动不已。我还要向热心陪伴、支持和帮助我追寻古巴龙迹，以及为本书提供照片资料的各位亲属和朋友，致以深切的谢意。特别是中国优秀留古学生、在哈瓦那大学攻读医学博士的寇顺超先生，为我们的跨国家族访问团做义务导游、翻译、摄影，谨此表示衷心感谢。

黄卓才
2016 年 8 月 1 日，于暨南园